FÉES, SORCIÈRES, DIABLESSES

D'autres classiques
à étudier avec nos dossiers Librio +

Un pour tous, tous pour un, Librio n° 1202
Pauca meæ, Librio n° 1169
La Parure, Librio n° 1104
La Belle aux cheveux d'or, Librio n° 1103
La Belle et la Bête, Librio n° 1090
Bérénice, Librio n° 1072
La Princesse de Montpensier, Librio n° 1040
Claude Gueux, Librio n° 1039
Le Livre des merveilles du monde, Librio n° 727
La Farce de Maître Pathelin, Librio n° 580
La Vénus d'Ille, Librio n° 236
Aladdin ou la Lampe merveilleuse, Librio n° 191
La Dimension fantastique – 1, Librio n° 150
La Genèse, Librio n° 90
Un cœur simple, Librio n° 45
La Mort d'Olivier Bécaille, Librio n° 42
Candide ou l'Optimisme, Librio n° 31
Une partie de campagne, Librio n° 29
Le Cid, Librio n° 21

FÉES, SORCIÈRES, DIABLESSES

Les plus beaux contes, d'Homère à Gripari

Une anthologie présentée par Barbara Sadoul

© E.J.L., 2002, 2017 pour le supplément pédagogique

SOMMAIRE

Introduction 7

Circé magicienne, Homère 19

La Belle et la Bête, Mme Leprince de Beaumont 21

L'Enchanteresse de Sylaire, Clark Ashton Smith 38

La Sorcière du mois d'avril, Ray Bradbury 60

Une mandragore, Achim von Arnim 75

La Sorcière du placard à balais, Pierre Gripari 87

Les Farfafouille, Fredric Brown 102

Vasilisa, Clarissa Pinkola Estes 115

La Fée aux gros yeux, George Sand 123

Le Poil, Olivier Ka 138

Un bonbon pour une bonne petite, Robert Bloch 141

Le Couloir, Virginie Greiner 154

Dossier Librio + ... 171

Lexique 187

INTRODUCTION

> *« Car il est des êtres autour desquels arrivent des faits extraordinaires et dont le voisinage met mal à l'aise. »*
> Claude SEIGNOLLE, *Les Évangiles du Diable*.

> *« Si elle ne guérissait, on l'injuriait, on l'appelait sorcière. Mais généralement, par un respect mêlé de crainte, on la nommait Bonne dame ou Belle dame* [bella donna], *du nom même qu'on donnait aux Fées. »*
> MICHELET, *La Sorcière*.

> *« Mais ces "Puissantes", dont certains hésitent à prononcer le nom, possèdent un cœur de femme que brise le moindre manquement… Le rêveur des Fées doit savoir cela… »*
> Pierre DUBOIS, *La Grande Encyclopédie des fées*.

Il était une fois… de bien étranges Dames qui savaient s'adresser aux petits comme aux grands. Évoquer une fée, c'est toujours raviver notre âme d'enfant. La fée, de ses douces ailes translucides, effleure notre univers imaginaire et, un instant, nous nous plaisons à imaginer qu'elle est notre marraine. L'homme a toujours souhaité cette rencontre magique, il a cherché la Damoiselle au cœur d'une clairière verdoyante, près d'une source ou d'une fontaine. Il a regardé par-delà l'arc-en-ciel, s'est arrêté à l'entrée d'une grotte, afin de trouver le portail de son royaume. Mais ce simple mortel, même s'il avait possédé une âme de berger ou de poète, l'aurait-il reconnu ? Ne l'aurait-il pas appelé sorcière, tant il se méfiait de l'Autre ?

Sa peur de la femme au mauvais œil, de la jeteuse de sorts, l'aveugla durant des siècles. Il redoutait de succomber à son emprise. Pourtant, fées et sorcières ne se laissèrent jamais enfermer dans une vision manichéenne où l'une, bénéfique, serait détentrice de la magie blanche et s'opposerait à la seconde, pourvoyeuse de maléfices et de noirs sortilèges. Ces Belles dames possédaient une psyché complexe, teintée d'ambiguïté, et reflet de nos croyances universelles.

Fées et sorcières partagèrent leurs danses au clair de lune mais s'éleva, sous leurs pas, un parfum de soufre qui enflamma les imaginations.

Il fut bien réel, pourtant, cet ancien temps où toute chose possédait sa face magique. L'existence des êtres fabuleux – dont Shakespeare peupla son univers – n'aurait pu alors surprendre l'enfant d'un mortel. De sa quenouille, Clotho tirait les fils de vie des hommes ; Lachésis concoctait un avenir pour chaque nouveau-né et, le moment venu, Atropos coupait le fil ténu de cette existence. Tel était le rôle des trois Parques romaines – ou Moires grecques –, les fileuses de nos destinées (les Fata), nos futures fées.

En Dames malicieuses, elles prirent toutefois soin d'emmêler l'écheveau qui conduirait jusqu'à elles. Les îles Britanniques, principal berceau des féeries, préservèrent le secret de leur origine et de leurs intentions : lorsque ces Dames se dévoilent, c'est sous des personnalités multiples et contrastées. Nombre de légendes conseillent de les côtoyer avec prudence. Offenser un esprit de la nature – qu'il fût elfe ou fée – n'est jamais sans danger : leurs penchants malveillants risquent alors de s'éveiller. N'accusait-on pas les fées de voler des bébés ou de se transformer en chattes pour les étouffer ? Toutefois leur beauté mythique conquit le cœur de nos ancêtres ; tant de charmes n'auraient pu convenir à une nature mauvaise.

Et ce fut le soir que fées et sorcières s'insinuèrent dans l'esprit des veillées de nos campagnes. À la lueur d'un bon feu de bois, nos aïeux se transmirent des histoires qui, elles-mêmes, leur avaient été léguées. Des histoires qui enchantèrent un Perrault, puis les frères Grimm, mais qui, avant eux, influencèrent les discours de l'Inquisition. Les juges virent en ces Damoiselles de dignes petites sœurs des diablesses.

Au royaume des fées, on trouvait des elfes, des gnomes, des gobelins, des lutins et des nains : le petit peuple. Dans nos campagnes, on rencontra des hommes et des femmes réputés pour s'être acoquinés avec Satan. On comptait alors « mille sorcières pour un sorcier » (Claude Seignolle) : chiffre terrible, image d'une triste réalité. Sur le seul ordre du conseiller Pierre de Lancre, en Pays basque, des dizaines de femmes furent accusées et livrées au bûcher. Le titre évocateur de son traité, *Tableau de l'Inconstance des mauvais Anges et des Démons* (1612), traduit le climat de terreur qui s'était abattu sur toute l'Europe depuis la fin du XVe siècle.

Personne n'aurait alors songé à remercier la « sorcière » de se révéler bonne guérisseuse. Restée proche de la nature, vivant à l'écart du village, elle fut en avance sur bien des médecins. Elle avait appris, seule, les vertus des plantes curatives. Cependant, la dangereuse jusquiame, ou la belladone, et la magique mandragore n'avaient guère plus de secrets pour elle. Aussi, de son savoir – « science équivoque » (in *La Sorcière* de Rosny Aîné) –, on se méfia toujours. Michelet, désireux de réhabiliter « l'antique sorcière » dans la préface de son roman *La Sorcière* (1862), lui rendit son nom de « Saga » ou « Sage-femme », mais il savait que, pour nos aïeux, elle restait « la fiancée du Diable ».

Les villageois sollicitaient la sorcière à l'abri des regards – toutefois leur époque réclamait un bouc émissaire assez puissant pour endosser les maux de l'humanité. La sorcière se chargea alors d'un terrible fardeau : le « mauvais sort », celui qui s'acharne, rend les enfants malades, les récoltes mauvaises et le bétail malingre. Les mortels avaient créé les endiablées – là où il n'y avait que marginalité. L'auteur Rosny Aîné traduit ce funeste destin féminin dans sa nouvelle, *La Sorcière*, de 1887 :

> « … il [le paysan] revoyait l'arrivée des Lastre dans le pays, deux ans déjà passés, à la fin d'un hiver. De suite il avait eu méfiance. La femme aux grands yeux, qui aimait s'attarder dans les sentes à regarder les plantes et le bétail, sentait l'Enfer. De fait, les malheurs étaient tombés comme grêle. […] Ça doit finir! gronda le paysan… »

L'écrivain recrée ici cette atmosphère de suspicion qui fit germer tant de débordements dans les esprits superstitieux.

Il suffit de se rendre à la Bibliothèque nationale pour constater le nombre impressionnant de traités de démonologie qui furent publiés. Des érudits – hommes d'Église, inquisiteurs, juges ou médecins – s'étaient appliqués à consigner toutes leurs recherches pour cette chasse aux sorciers et aux sorcières. Dans le meilleur des cas, ces accusés passèrent pour mélancoliques (Dr Jean Wier). Mais désormais les belles magiciennes de l'Antiquité, Circée et Médée, n'étaient plus ! Les doctes avaient refusé à ces muses de se mêler des affaires des hommes. Restées trop humaines, les sorcières furent pourchassées et les fées se confondirent avec la cohorte des anges déchus. Toutefois leurs ennemis avaient sous-estimé leur puissance.

L'oubli n'était pas inscrit dans la destinée de ces Dames :

> « Entre l'Éden et les Enfers, la légende rêve d'un monde. Ce monde est peuplé par les Fées.
> Entre la lumière et les ténèbres, la légende crée un crépuscule. Ce crépuscule devient la Féerie. » (Dubois, *La Grande Encyclopédie des fées*)

Sous des *doigts de fées* s'éveilla l'autre monde. Et, sous la plume de Perrault, les robes prirent la couleur du temps, les citrouilles se firent carrosses et les princes, charmants. Fées et sorcières avaient trouvé refuge dans l'esprit du conte. Les rêves des enfants voulurent les retenir. Le souffle prodigieux, celui qui parcourut romans de chevalerie, lais de Marie de France ou récits rabelaisiens, déferlait sur ce XVIIe siècle. Les motifs des contes populaires et les histoires mythiques nées avec l'humanité arborèrent alors un visage nouveau. Psyché et Cupidon (*L'Âne d'or* d'Apulée) auraient pu rejouer le drame de *La Belle et la Bête*.

Les êtres surnaturels suscitèrent la poésie des textes, l'art du conteur, le merveilleux. Mais toutes les histoires, nourries de folklore, allaient-elles réussir à survivre ? Leur caractère oral leur avait permis de ne jamais vieillir – s'adaptant chaque fois à leur nouveau public. Le plus grand nombre s'exposaient cependant à l'épreuve du temps et les frères Grimm décidèrent de sauver les contes de l'oubli. Les deux hommes s'investirent dans une immense collecte, travail aussi délicat que de trier, pour Cendrillon, un « pot de lentilles renversées dans les cendres ». Ils établirent, selon les versions répertoriées, des rapprochements, des regroupements, avant de recomposer des récits. Leurs contes, empreints du romantisme allemand du XIXe siècle, prirent alors une forme plus séduisante que ceux de Perrault.

Ce dernier reste cependant l'homme qui sut enchanter les lettrés d'une époque et lancer un genre. Andersen fut le troisième auteur, celui qui poétisa, par le conte, notre quotidien. Refusant de jouer sur le registre de l'effrayant, son univers se voit traversé par la fée Morgane (*Les Cygnes sauvages*) ou la Reine des Neiges, mais reste encore bien rude pour une Petite Sirène. Le rêve exotique se réalisa avec la traduction des *Mille et Une Nuits* : génies, goules et autres créatures prirent alors le pas sur les personnages traditionnels féeriques. Aujourd'hui, tous ces récits sont des classiques littéraires, mais ils n'accédèrent pas immédiatement à ce rang. Ils furent longtemps considérés comme un prolongement des contes de bonne femme, un simple divertissement. Et, ces histoires n'endormirent pas tous les enfants ! Elles eurent un autre ennemi, tout aussi redoutable : les parents. Nombreux jugèrent certains de ces récits trop cruels, voire traumatisants. Bruno Bettelheim, dans sa *Psychanalyse des contes de fées*, revendique le droit aux enfants et aux adolescents d'accéder à cet univers merveilleux : ils pourront y puiser des moyens de « se libérer par l'imagination » de leurs « pressions inconscientes » et développer leur personnalité.

Le temps d'une histoire, le lecteur aime s'identifier à l'un des personnages. Avec le héros du conte, il doit affronter et surmonter une route semée d'épreuves. Ces dernières ont la couleur immuable des problèmes humains – même si elles surgissent sous forme de dragons, d'ogres ou de sorcières – et répondent au principe de la quête, qui anime aujourd'hui tant de jeux vidéo. Pour l'aventure visuelle, le héros est parfois accompagné d'une petite fée, aux allures de Clochette, là pour le guider et lui servir de mémoire. Les auteurs auraient-ils alors choisi d'évoquer des personnalités surhumaines – fées ou sorcières – pour nous aider à affronter notre propre monde ? D'ailleurs, pourrions-nous l'apprécier sans une touche de magie :

«— Accusée, levez-vous!» dit le président [...] Votre profession?

— Je suis fée!...

... et de sa petite voix claire et chevrotante, qui montait haut dans la salle et planait comme une voix de rêves, la vieille reprit :

... Je suis la Dernière ; il ne reste plus que moi... Nous étions la poésie du pays, sa foi, sa candeur, sa jeunesse. Tous les endroits que nous hantions, les fonds de parcs embroussaillés, les pierres des fontaines, les tourelles des vieux châteaux, les brumes d'étangs, les grandes landes marécageuses recevaient de notre présence je ne sais quoi de magique et d'agrandi. À la clarté fantastique des légendes, on nous voyait passer un peu partout traînant nos jupes dans un rayon de lune, ou courant sur les prés à la pointe des herbes. [...]

Mais le siècle a marché. Les chemins de fer sont venus. On a creusé des tunnels, comblé les étangs, et fait tant de coupes d'arbres, que bientôt nous n'avons plus su où nous mettre. Peu à peu les paysans n'ont plus cru à nous. Le soir, quand nous frappions à ses volets, Robin disait : "C'est le vent", et se rendormait... Comme nous vivions de la croyance populaire, en la perdant, nous avons tout perdu.» (Alphonse Daudet, *La Mort des fées*)

Quand nos deux univers se rejoignent c'est pour une rencontre éphémère dont l'une des plus poignantes reste celle avec l'enfant fée, Zerina, de Ludwig Tieck (*Les Elfes*) :

«L'Elfe embrassa la belle fillette et lui dit tristement : "Ah, chérie, comme avec toi, j'ai joué jadis avec ta mère, lorsqu'elle était petite et qu'elle vint nous rendre visite ; mais vous autres hommes, vous grandissez trop vite, vous devenez trop tôt raisonnables ; c'est bien attristant. Que ne restes-tu enfant aussi longtemps que moi !

— Je voudrais bien te faire ce plaisir, répondit Elfriede, mais ils disent tous que j'aurai bientôt l'âge de raison et que je ne jouerai plus."»

La nouvelle exprime le même regret formulé dans le roman de James Barrie, *Peter Pan* : un jour, les grands laissent s'envoler leur âme d'enfant, la part la plus sage de leur être selon Socrate (cf. Bettelheim). Les histoires féeriques sont faites de transgressions humaines, de serments rompus (légende de Mélusine) et de voyages inachevés sur le chemin des fées.

Et, le mortel devra vivre avec le souvenir de leurs domaines enchanteurs :

«… il aperçut une lueur douce au bout du souterrain… il se trouva dans une grotte toute en coquillages, plus rares les uns que les autres… il se trouva seul… dans un lieu qui ressemblait à ce qu'il se figurait du palais d'une fée.» (Balzac, *La Dernière Fée ou la Lampe merveilleuse*)

La confrontation avec la sorcière ne se fait en revanche pas dans un lieu placé hors du temps, mais au cœur d'une forêt : le lieu «des origines» (M. Faure : «*Le Bisclavret* de Marie de France, *une histoire suspecte de loup-garou*») où le sauvage peut rapidement prendre le pas sur le civilisé :

«Le matin fut vite là, et c'était déjà leur troisième journée loin de la maison paternelle. Ils se remirent en marche, mais ce fut pour s'enfoncer toujours plus profondément dans la forêt […] ils virent que la maisonnette avait des murs de pain d'épices et un toit de biscuit ; quant aux fenêtres, elles étaient de sucre filé… Il [Jeannot] se mit sur la pointe des pieds pour atteindre le toit, et s'en cassa d'abord un petit bout pour voir si c'était bon, tandis que

Margot s'agrippait à la fenêtre et se mettait à en grignoter. […] Mais voilà que la porte s'ouvre d'un coup, et qu'une vieille encore plus vieille que les pierres s'avance à petits pas dehors, en béquillant sur sa béquille.» (Grimm, *Jeannot et Margot*)

Ce thème de la traversée, ou de la fuite à travers bois, constitue toujours une étape majeure et transitoire, dans nombre de récits modernes. Ici, la sorcière des frères Grimm attend, telle une araignée dans sa toile, de nouveaux enfants à manger. Mais au-delà du jeu avec la peur qui inspira bien des textes humoristiques (*La Sorcière de la rue Mouffetard* de Pierre Gripari), le mortel s'aventure si loin qu'il risque d'y perdre son âme – à moins qu'il ne manque son plus captivant rendez-vous :

«Je découvris bientôt qu'une minute de magie valait bien dix heures d'une vie sans surprises, et que cette magie était la lumière d'un pays enchanté situé au-delà de la frontière du nôtre, un pays où toute chose se trouve exaltée comme nos rêves et nos espoirs le sont ici. Et ce pays, je le cherchai encore et encore. […] Mais je ne pus jamais réparer cette folie qui m'avait poussé à refuser la magie, car la sorcière ne revint pas.» (Lord Dunsany, *La Sorcière des saules*)

Fées et sorcières n'appartiennent ni à l'univers du conte, ni aux seuls enfants. Ces Dames s'évadent du royaume magique pour envahir l'autre face de l'imaginaire : le fantastique, l'*heroic fantasy* et la science-fiction. Des auteurs tels que Dunsany, Tieck, George Sand, Balzac, Nodier, Lovecraft, Sturgeon, Fritz Leiber et, plus encore, Jack Williamson ou Anne Rice restituent à ces Dames leur puissance psychologique.

Harry Potter (J.K. Rowling) est l'un des rares romans dont le merveilleux de l'intrigue est apprécié par tous les âges.

Souvent, récits magiques et féeriques sont considérés comme « histoires d'enfants » – sans doute en référence aux adaptations cinématographiques de Walt Disney et au caractère peu érotisé de la fée. La Damoiselle fut victime de sa légende : sa taille souvent minuscule – un centimètre de haut dans les chroniques du clerc Gervais de Tilbury (XIIIe siècle) – ne lui offre pas le pouvoir de séduction de la sorcière – même si cette dernière peut très rapidement nous entraîner vers l'horrifique.

La sorcière reste la « vieille femme édentée, mal attifée, aux allures mystérieuses, au regard de travers » dont parle Claude Seignolle dans *Les Évangiles du Diable*. Mais il ne s'agit là que de l'une de ses apparences. La belle jeune fille qui succombe sous les coups du héros, dans la nouvelle *Viy* de Gogol, n'est autre que l'horrible vieille qui « s'approcha… de lui, croisa les bras autour de sa poitrine, lui courba la tête, l'enfourcha avec l'agilité d'un chat et lui frappa les côtes à coups de balai », pour lui faire chevaucher un décor de brume. Les multiples métamorphoses de la sorcière l'ont conduite à devenir un personnage de la littérature d'horreur aux côtés du loup-garou (*Plus noir que vous ne pensez* de Jack Williamson) et du vampire (*La Reine des damnées* de Anne Rice).

Ce fut cependant le créateur de Sherlock Holmes, Arthur Conan Doyle, qui établit un lien moderne entre fée, sorcière et diablesse. Dans un article de 1920, il alla jusqu'à authentifier l'existence des fées : des Damoiselles ailées se seraient laissé photographier par deux fillettes à Cottingley et aucun truquage évident ne fut détecté sur les clichés. Parmi les hypothèses avancées, l'une de ces apprenties photographes aurait été médium : son ectoplasme aurait alors permis aux fées de se matérialiser à la fois à leurs yeux et sur la plaque photographique. Arthur

Conan Doyle ne rencontra jamais ces fillettes, mais continua de se passionner pour le spiritisme. Il avait déjà créé, dans sa nouvelle *Le Parasite*, le redoutable personnage de Miss Penelosa dont les dons de mesmérisme et de suggestion hypnotique pouvaient forcer la volonté d'un être – voire provoquer chez lui des émotions amoureuses incontrôlées.

Les pouvoirs de Miss Penelosa, petite femme bancale, sont bien ceux d'une «sorcière» ou même d'une «diablesse»: elle parvient à se transcender physiquement et devient presque aussi dangereuse que les séduisantes lamies et succubes du monde démoniaque – ces créatures dont le charme peut provoquer la perte des hommes. Leur petite sœur de science-fiction, la Shambleau de Catherine L. Moore détient cette même force de séduction fatale: elle est proche de la méduse, mais son regard ne pétrifie pas, il hypnotise l'homme qui se laisse envelopper de sa chevelure.

Après tout, le Diable ne peut-il préférer prendre l'apparence d'une femme (*Le Diable amoureux* de Cazotte)?

Et, dans notre monde, si l'on veut s'écarter de la route des Damoiselles, il y a trois portes à ne pas franchir:

— Tourner les pages des contes de Perrault, Grimm, Andersen, Mme Leprince de Beaumont, Mlle de La Force ou la Comtesse de Ségur: là, réside l'esprit du merveilleux, empreint de nos croyances populaires.

— Regarder les gravures qui ornent ces livres: les portraits des êtres surnaturels s'inscriraient aussitôt dans notre inconscient. Gustave Doré aurait fait rêver George Sand plus que les textes de Perrault.

— Accepter le pacte avec l'autre côté: dans les salons littéraires, une simple connivence entre conteur et auditeurs suffisait, mais, dans nos campagnes, le pacte engagea des âmes humaines…

Le temps du « il était une fois », quand « les désirs s'exauçaient encore » et que « les bêtes parlaient » est venu. Cette anthologie s'ouvre sur le conte de *Circé magicienne*, puis nous conduit au cœur de l'univers enchanteur qui abrite ces Dames ambiguës (Leprince de Beaumont, Smith). Leurs désirs d'amour peuvent les pousser à cacher leur véritable apparence, à pénétrer un esprit humain (Bradbury), ou à donner vie à un être-racine (Achim von Arnim). La Damoiselle est maintenant à notre porte et veut sortir du placard pour voir notre monde moderne (Gripari). Si des mortels lui résistent, elle s'adresse à ses enfants (Brown). Mais la Dame n'est pas seule, ses sœurs veillent (Sand, Ka) et parfois, si terribles qu'elles paraissent, elles initient une petite fille (Vasilisa). Mais où iront ces « Puissantes », avec leurs nouvelles élues, puisqu'elles ont enfin réchappé des flammes (Bloch, Greiner) ?

Le XXIe siècle rappelle avec malice ces Belles dames : la Bibliothèque nationale a consacré une exposition aux contes de fées (printemps 2001) tandis que le metteur en scène, Daniel Lacroix, a laissé monter sur les planches, et jusque dans les gradins, *La sorcière du placard aux balais* avec son personnage Trombino. Quelques enfants et adultes ont osé manger, après maintes hésitations, les bonbons que la sorcière leur offrait : et ce fut leur pacte...

À présent, l'heure des sorcières va sonner : aux douze coups de minuit, treize Belles dames prendront leur envol nocturne. Dès cet instant, le cœur des forêts, les abords des marécages, des cimetières et les carrefours des routes s'éveilleront au bruissement de ces pages.

Barbara SADOUL

Homère

CIRCÉ MAGICIENNE

Ils trouvèrent la maison de Circé, bâtie de pierres polies, dans un val, en un lieu découvert : il y avait autour des loups montagnards et des lions, qu'elle avait ensorcelés, après leur avoir donné de mauvaises drogues. Ils ne sautèrent pas sur les hommes, mais se tinrent autour d'eux, en les flattant de leurs longues queues. Comme les chiens entourent leur maître, qui revient du festin, et le flattent, car il leur apporte toujours des douceurs ; ainsi les loups aux fortes griffes et les lions flattaient mes gens ; ceux-ci furent saisis de crainte, à la vue de ces terribles monstres. Ils s'arrêtèrent dans le vestibule* de la déesse aux belles boucles, et ils entendaient Circé, qui à l'intérieur chantait de sa belle voix, en tissant au métier* une grande toile immortelle, comme sont les fins, gracieux, brillants ouvrages des déesses. Le premier qui parla fut Politès, le meneur de guerriers, le plus sensé* de mes compagnons et le plus cher à mon cœur : « Amis, il y a là-dedans quelqu'un qui tisse à un grand métier et fait entendre un beau chant, dont tout le sol résonne ; est-ce une déesse ou une femme ? Crions, sans tarder. »

Il dit, et les autres de crier en appelant. Elle sortit aussitôt, ouvrit la porte brillante, les invita.

[...]

Quand Circé me vit ainsi immobile, sans tendre les mains vers le pain, et en proie à une violente douleur, elle vint près

---
* Les mots suivis d'un astérisque sont définis dans le lexique.

de moi et m'adressa ces paroles ailées : « Pourquoi, Ulysse, rester assis, comme un muet, à te ronger le cœur, sans toucher mets* ni boisson ? Crains-tu quelque nouveau sortilège* ? Tu dois avoir entière confiance. Car je me suis engagée envers toi par un serment imposant. » Ainsi parlait-elle ; et moi, je lui repartis : « Circé, quel homme pourvu de sens oserait toucher aux mets, à la boisson, avant d'avoir délivré ses compagnons et de les voir de ses yeux ? Si tu m'invites sérieusement à boire et manger, délivre, pour que je les voie de mes yeux, mes fidèles compagnons. »

Je dis, et Circé traversait la grand-salle, sa baguette à la main ; elle ouvrit les portes de l'étable ; elle en fit sortir des êtres que leur graisse rendait pareils à des porcs de neuf ans. Quand ils furent debout, face à elle, elle passa dans leurs rangs et frotta chacun d'une nouvelle drogue. De leurs membres tombaient les soies*, dont les avait d'abord couverts la drogue funeste* par la puissante Circé. Ils redevinrent des hommes, plus jeunes qu'ils n'étaient auparavant, beaucoup plus beaux et plus grands d'aspect. Ils me reconnurent et chacun me serrait les mains. Et tous éprouvaient le désir des sanglots : ce fut, dans la maison, une terrible clameur. La déesse même en avait pitié. Et s'approchant de moi, elle me dit, la déesse illustre : « Nourrisson de Zeus, fils de Laërte, Ulysse aux mille expédients*, va maintenant vers ton vaisseau rapide et le rivage de la mer. Tirez tout d'abord le vaisseau à sec ; mettez vos biens et tous les agrès* dans des grottes ; et toi, reviens ici et amène tes fidèles compagnons. »

Ainsi parlait-elle, et mon cœur viril lui obéit.

Extrait de *L'Odyssée*, chant X.
Traduit du grec par Médéric DUFOUR
et Jeanne RAISON.
© Garnier-Flammarion.

Mme Leprince de Beaumont

LA BELLE ET LA BÊTE

Il y avait une fois un marchand qui était extrêmement riche. Il avait six enfants, trois garçons et trois filles, et comme ce marchand était un homme d'esprit, il n'épargna rien pour l'éducation de ses enfants et leur donna toutes sortes de maîtres.

Ses filles étaient très belles ; mais la cadette se faisait admirer et on ne l'appelait, quand elle était petite, que la *Belle Enfant* ; de sorte que le nom lui en resta, ce qui donna beaucoup de jalousie à ses sœurs. Cette cadette, qui était plus belle que ses sœurs, était aussi meilleure qu'elles. Les deux aînées avaient beaucoup d'orgueil* parce qu'elles étaient riches : elles faisaient les dames, et ne voulaient pas recevoir les visites des autres filles de marchands. Elles allaient tous les jours au bal, à la comédie, à la promenade, et se moquaient de leur cadette, qui employait la plus grande partie de son temps à lire de bons livres.

Comme on savait que ces filles étaient fort riches, plusieurs gros marchands les demandèrent en mariage, mais les deux aînées répondirent qu'elles ne se marieraient jamais, à moins qu'elles ne trouvassent un duc, ou tout au moins un comte. La Belle remercia bien honnêtement ceux qui voulaient l'épouser ; mais elle leur dit qu'elle était trop jeune et qu'elle souhaitait tenir compagnie à son père pendant quelques années.

Tout d'un coup, le marchand perdit son bien* et il ne lui resta qu'une petite maison de campagne, bien loin de la ville. Il dit en pleurant à ses enfants qu'il leur fallait aller dans cette maison et qu'en travaillant comme des paysans, ils y pourraient vivre. Ses deux filles aînées répondirent qu'elles ne voulaient pas quitter la ville et qu'elles connaissaient des jeunes gens qui seraient trop heureux de les épouser, quoiqu'elles n'eussent plus de fortune.

Ces demoiselles se trompaient : leurs amis ne voulurent plus les regarder quand elles furent pauvres. Comme personne ne les aimait, à cause de leur fierté, on disait :

« Elles ne méritent pas qu'on les plaigne ! Nous sommes bien aises de voir leur orgueil abaissé : qu'elles aillent faire les dames en gardant les moutons ! »

Mais en même temps, tout le monde disait :

« Pour la Belle, nous sommes bien fâchés de son malheur : c'est une si bonne fille ! Elle parlait aux pauvres gens avec tant de bonté ; elle était si douce, si honnête ! »

Il y eut même plusieurs gentilshommes* qui voulurent l'épouser, quoiqu'elle n'eût pas un sou. Mais elle leur dit qu'elle ne pouvait se résoudre à abandonner son pauvre père dans le malheur, et qu'elle le suivrait à la campagne pour le consoler et l'aider à travailler.

Quand ils furent arrivés à leur maison de campagne, le marchand et ses trois fils s'occupèrent à labourer la terre. La Belle se levait à quatre heures du matin et se dépêchait de nettoyer la maison et de préparer à dîner pour la famille. Elle eut d'abord beaucoup de peine, car elle n'était pas habituée à travailler comme une servante ; mais, au bout de deux mois, elle devint plus forte et la fatigue lui donna une santé parfaite. Quand elle avait fait son ouvrage, elle lisait, jouait du clavecin*, ou bien chantait en filant.

Ses deux sœurs, au contraire, s'ennuyaient à mort ; elles se levaient à dix heures du matin, se promenaient toute la journée, et regrettaient leurs beaux habits et leurs amis.

« Voyez notre cadette, disaient-elles entre elles, elle est si stupide qu'elle se contente de sa malheureuse situation. »

Le bon marchand ne pensait pas comme ses filles. Il savait que la Belle était plus propre que ses sœurs à briller en société. Il admirait la vertu de cette jeune fille et surtout sa patience ; car ses sœurs, non contentes de lui laisser faire tout l'ouvrage de la maison, l'insultaient à tout moment.

Il y avait un an que cette famille vivait dans la solitude, lorsque le marchand reçut une lettre par laquelle on lui annonçait qu'un vaisseau, sur lequel il avait des marchandises, venait d'arriver sans encombre. Cette nouvelle faillit faire tourner la tête à ses deux aînées qui pensaient qu'enfin elles pourraient quitter cette campagne où elles s'ennuyaient tant. Quand elles virent leur père prêt à partir, elles le prièrent de leur apporter des robes, des palatines, des coiffures, et toutes sortes de bagatelles*. La Belle ne lui demandait rien, car elle pensait que tout l'argent des marchandises ne suffirait pas à acheter ce que ses sœurs souhaitaient.

— Tu ne me pries pas de t'acheter quelque chose ? lui demanda son père.

— Puisque vous avez la bonté de penser à moi, lui dit-elle, je vous prie de m'apporter une rose, car on n'en trouve point ici.

Ce n'est pas que la Belle se souciât d'une rose mais elle ne voulait pas condamner, par son exemple, la conduite de ses sœurs qui auraient dit que c'était pour se distinguer qu'elle ne demandait rien.

Le bonhomme partit. Mais quand il fut arrivé, on lui fit un procès pour ses marchandises. Et, après avoir eu beaucoup de peine, il revint aussi pauvre qu'il était auparavant. Il n'avait plus que trente milles à parcourir avant d'arriver à sa maison et il se réjouissait déjà du plaisir de voir ses enfants. Mais, comme il fallait traverser un grand bois avant de trouver sa maison, il se perdit. Il neigeait horriblement ; le vent soufflait si fort qu'il le jeta deux fois à bas de son cheval. La nuit étant venue, il pensa qu'il mourrait de faim ou de froid, ou qu'il serait mangé par des loups qu'il entendait hurler autour de lui.

Tout d'un coup, en regardant au bout d'une longue allée d'arbres, il vit une grande lumière, mais qui paraissait bien éloignée. Il marcha de ce côté-là et vit que cette lumière venait d'un grand palais, qui était tout illuminé. Le marchand remercia Dieu du secours qu'il lui envoyait et se hâta d'arriver à ce château ; mais il fut bien surpris de ne trouver personne dans les cours. Son cheval qui le suivait, voyant une grande écurie ouverte, entra dedans ; ayant trouvé du foin et de l'avoine, le pauvre animal, qui mourait de faim, se jeta dessus avec beaucoup d'avidité. Le marchand l'attacha dans l'écurie et marcha vers la maison, où il ne trouva personne ; mais entré dans une grande salle, il trouva un bon feu et une table chargée de viandes, où il n'y avait qu'un couvert.

Comme la pluie et la neige l'avaient mouillé jusqu'aux os, il s'approcha du feu pour se sécher et disait en lui-même : « Le maître de la maison ou ses domestiques me pardonneront la liberté que j'ai prise, et sans doute ils viendront bientôt. » Il attendit un temps considérable ; mais onze heures ayant sonné sans qu'il vît personne, il ne put résister à la faim et prit un poulet qu'il mangea en deux bouchées, et en tremblant. Il but aussi quelques coups de vin ; devenu plus hardi, il sortit de la salle et traversa plusieurs grands appartements magnifiquement meublés. À la fin, il trouva une chambre où il y avait un bon lit et, comme il était minuit passé et qu'il était las, il prit le parti de fermer la porte et de se coucher.

Il était dix heures du matin quand il s'éveilla le lendemain et il fut bien surpris de trouver un habit fort propre à la place du sien qui était tout gâté. «Assurément, pensa-t-il, ce palais appartient à quelque bonne fée qui a eu pitié de ma situation.» Il regarda par la fenêtre et ne vit plus de neige, mais des berceaux de fleurs qui enchantaient la vue. Il entra dans la grande salle où il avait soupé la veille et vit une petite table où il y avait du chocolat.

— Je vous remercie, madame la fée, dit-il tout haut, d'avoir eu la bonté de penser à mon déjeuner.

Le bonhomme, après avoir pris son chocolat, sortit pour aller chercher son cheval et, comme il passait sous un berceau de roses, il se souvint que la Belle lui en avait demandé, et cueillit une branche où il y en avait plusieurs.

À cet instant il entendit un grand bruit et vit venir à lui une Bête si horrible qu'il fut tout près de s'évanouir.

— Vous êtes bien ingrat*, lui dit la Bête d'une voix terrible : je vous ai sauvé la vie en vous recevant dans mon château et, pour la peine, vous me volez mes roses que j'aime mieux que toute chose au monde : il vous faut mourir pour réparer votre faute. Je ne vous donne qu'un quart d'heure pour demander pardon à Dieu.

Le marchand se jeta à genoux et dit à la Bête, en joignant les mains :

— Monseigneur, pardonnez-moi, je ne croyais pas vous offenser en cueillant une rose pour une de mes filles, qui m'en avait demandé.

— Je ne m'appelle point Monseigneur, répondit le monstre, mais la Bête. Je n'aime pas les compliments, moi, je veux qu'on dise ce qu'on pense ; ainsi ne croyez pas me toucher par vos flatteries. Mais vous m'avez dit que vous aviez des filles. Je veux bien vous pardonner, à condition qu'une de vos filles vienne volontairement pour mourir à votre place. Ne discutez pas, partez ! Et si vos filles refusent de mourir pour vous, jurez que vous reviendrez dans trois mois.

Le bonhomme n'avait pas dessein* de sacrifier une de ses filles à ce vilain monstre ; mais il pensa : « Du moins j'aurai le plaisir de les embrasser encore une fois. » Il jura donc de revenir, et la Bête lui dit qu'il pourrait partir quand il voudrait.

— Mais, ajouta-t-elle, je ne veux pas que tu t'en ailles les mains vides. Retourne dans la chambre où tu as couché, tu y trouveras un grand coffre vide, tu peux y mettre tout ce qui te plaira, je le ferai porter chez toi.

En même temps la Bête se retira et le bonhomme se dit : « S'il faut que je meure, j'aurai la consolation de laisser du pain à mes pauvres enfants. »

Il retourna dans la chambre où il avait couché ; y ayant trouvé une grande quantité de pièces d'or, il remplit le coffre dont la Bête lui avait parlé, le ferma et, ayant repris son cheval qu'il retrouva dans l'écurie, il sortit de ce palais avec une tristesse égale à la joie qu'il avait lorsqu'il y était entré. Son cheval prit de lui-même une des routes de la forêt et, en peu d'heures, le bonhomme arriva dans sa petite maison. Ses enfants se rassemblèrent autour de lui ; mais, au lieu d'être sensible à leurs caresses, le marchand se mit à pleurer en les regardant. Il tenait à la main la branche de roses qu'il apportait à la Belle ; il la lui donna et lui dit :

— La Belle, prenez ces roses ! Elles coûtent bien cher à votre malheureux père. Et, tout de suite, il raconta à sa famille la funeste aventure qui lui était arrivée.

À ce récit, ses deux aînées jetèrent de grands cris, et dirent des injures à la Belle, qui ne pleurait point.

— Voyez ce que produit l'orgueil de cette petite créature, disaient-elles. Que ne demandait-elle des robes comme nous : mais non, mademoiselle voulait se distinguer ! Elle va causer la mort de notre père, et elle ne pleure pas.

— Cela serait fort inutile, reprit la Belle : pourquoi pleurerais-je la mort de mon père ? Il ne périra* point. Puisque le monstre veut bien accepter une de ses filles, je veux me livrer à toute sa furie et je me trouve fort heureuse puisqu'en mourant j'aurai la joie de sauver mon père et de lui prouver ma tendresse.

— Non, ma sœur, lui dirent ses trois frères, vous ne mourrez pas : nous irons trouver ce monstre, nous périrons sous ses coups si nous ne pouvons le tuer.

— Ne l'espérez pas, mes enfants ! leur dit le marchand. La puissance de la Bête est si grande qu'il ne me reste aucune espérance de la faire périr. Je suis charmé du bon cœur de la Belle, mais je ne veux pas l'exposer à la mort. Je suis vieux, il ne me reste que peu de temps à vivre ; ainsi je ne perdrai que quelques années de vie que je ne regrette qu'à cause de vous, mes chers enfants.

— Je vous assure, mon père, dit la Belle, que vous n'irez pas à ce palais sans moi : vous ne pouvez m'empêcher de vous suivre. Quoique je sois jeune, je ne suis pas fort attachée à la vie, et j'aime mieux être dévorée par ce monstre que de mourir du chagrin que me donnerait votre perte.

On eut beau dire, la Belle voulut absolument partir pour le beau palais, et ses sœurs en étaient charmées parce que les vertus de cette cadette leur avaient inspiré beaucoup de jalousie.

Le marchand était si occupé de la douleur de perdre sa fille qu'il ne pensait pas au coffre qu'il avait rempli d'or ; mais aussitôt qu'il se fut enfermé dans sa chambre pour se coucher, il fut bien étonné de le trouver au pied de son lit. Il résolut de

La Belle et la Bête ◆ 27

ne point dire à ses enfants qu'il était devenu riche, parce que ses filles auraient voulu retourner à la ville et qu'il était résolu de mourir dans cette campagne, mais il confia ce secret à la Belle qui lui apprit qu'il était venu quelques gentilshommes pendant son absence, qu'il y en avait deux qui aimaient ses sœurs. Elle pria son père de les marier ; car la Belle était si bonne qu'elle les aimait et leur pardonnait de tout son cœur le mal qu'elles lui avaient fait.

Ces méchantes filles se frottèrent les yeux avec un oignon pour pleurer lorsque la Belle partit avec son père ; mais ses frères pleuraient tout de bon aussi bien que le marchand. Il n'y avait que la Belle qui ne pleurait point parce qu'elle ne voulait pas augmenter leur douleur.

Le cheval prit la route du palais et, sur le soir, ils l'aperçurent illuminé comme la première fois. Le cheval alla tout seul à l'écurie et le bonhomme entra avec sa fille dans la grande salle où ils trouvèrent une table magnifiquement servie, avec deux couverts. Le marchand n'avait pas le cœur de manger, mais la Belle, s'efforçant de paraître tranquille, se mit à la table et le servit. Puis elle se dit en elle-même : « La Bête veut m'engraisser avant de me manger puisqu'elle me fait faire si bonne chère*. »

Quand ils eurent soupé, ils entendirent un grand bruit. Le marchand dit adieu à sa pauvre fille en pleurant car il pensait que c'était la Bête. La Belle ne put s'empêcher de frémir en voyant cette horrible figure, mais elle se rassura de son mieux et, le monstre lui ayant demandé si c'était de bon cœur qu'elle était venue, elle lui dit en tremblant que oui.

— Vous êtes bien bonne, lui dit la Bête, et je vous suis bien obligé. Bonhomme, partez demain matin et ne vous avisez jamais de revenir ici. Adieu, la Belle !

— Adieu, la Bête! répondit-elle, et tout de suite le monstre se retira.

— Ah! ma fille, dit le marchand en embrassant la Belle, je suis à demi mort de frayeur. Croyez-moi, laissez-moi ici.

— Non, mon père, lui dit la Belle avec fermeté, vous partirez demain matin et vous m'abandonnerez au secours du Ciel; peut-être aura-t-il pitié de moi.

Ils allèrent se coucher et croyaient ne pas dormir de toute la nuit; mais à peine furent-ils dans leurs lits que leurs yeux se fermèrent. Pendant son sommeil, la Belle vit une dame qui lui dit:

— Je suis contente de votre bon cœur, la Belle. La bonne action que vous faites, en donnant votre vie pour sauver celle de votre père, ne demeurera pas sans récompense.

La Belle, s'éveillant, raconta ce songe à son père et, quoiqu'il le consolât un peu, cela ne l'empêcha pas de jeter de grands cris quand il fallut se séparer de sa chère fille.

Lorsqu'il fut parti, la Belle s'assit dans la grande salle et se mit à pleurer aussi. Mais comme elle avait beaucoup de courage, elle se recommanda à Dieu et résolut de ne se point chagriner pour le peu de temps qu'elle avait à vivre car elle croyait fermement que la Bête la mangerait le soir. Elle résolut de se promener en attendant et de visiter ce beau château.

Elle ne pouvait s'empêcher d'en admirer la beauté. Mais elle fut bien surprise de trouver une porte sur laquelle il y avait écrit: *Appartement de la Belle*. Elle ouvrit cette porte avec précipitation et fut éblouie de la magnificence* qui y régnait. Mais ce qui frappa le plus sa vue fut une grande bibliothèque, un clavecin et plusieurs livres de musique. «On ne veut pas que je m'ennuie», dit-elle tout bas. Elle pensa ensuite: «Si je n'avais qu'un jour à demeurer ici, on ne m'aurait pas ainsi pourvue.» Cette pensée ranima son courage. Elle ouvrit la bibliothèque et vit un livre où il y avait écrit en lettres d'or : *Souhaitez, commandez : vous êtes ici la reine et la maîtresse.* « Hélas ! dit-elle en soupirant, je ne souhaite rien que de voir mon pauvre père et de savoir ce qu'il fait à présent. » Elle avait dit cela en elle-même.

Quelle ne fut sa surprise, en jetant les yeux sur un grand miroir, d'y voir sa maison où son père arrivait avec un visage extrêmement triste ! Ses sœurs venaient au-devant de lui et, malgré les grimaces qu'elles faisaient pour paraître affligées*, la joie qu'elles avaient de la perte de leur sœur paraissait sur leur visage. Un moment après, tout cela disparut, et la Belle ne put s'empêcher de penser que la Bête était bien complaisante et qu'elle n'avait rien à craindre.

À midi, elle trouva la table mise et, pendant son dîner, elle entendit un excellent concert, quoiqu'elle ne vît personne. Le soir, comme elle allait se mettre à table, elle entendit le bruit que faisait la Bête et ne put s'empêcher de frémir.

— La Belle, lui dit ce monstre, voulez-vous bien que je vous voie souper ?

— Vous êtes le maître, répondit la Belle en tremblant.

— Non, reprit la Bête, il n'y a ici de maîtresse que vous. Vous n'avez qu'à me dire de m'en aller si je vous ennuie ; je sortirai tout de suite. Dites-moi, n'est-ce pas que vous me trouvez bien laid ?

— Cela est vrai, dit la Belle, car je ne sais pas mentir ; mais je crois que vous êtes fort bon.

— Vous avez raison, dit le monstre. Mais outre que je suis laid, je n'ai point d'esprit : je sais bien que je ne suis qu'une Bête.

— On n'est pas bête, reprit la Belle, quand on croit n'avoir point d'esprit. Un sot n'a jamais su cela.

— Mangez donc, la Belle, dit le monstre, et tâchez de ne point vous ennuyer dans votre maison car tout ceci est à vous, et j'aurais du chagrin si vous n'étiez pas contente.

— Vous avez bien de la bonté, dit la Belle. Je vous assure que je suis contente de votre cœur. Quand j'y pense, vous ne me paraissez plus si laid.

— Oh! dame, oui! répondit la Bête. J'ai le cœur bon, mais je suis un monstre.

— Il y a bien des hommes qui sont plus monstres que vous, dit la Belle, et je vous aime mieux avec votre figure que ceux qui, avec la figure d'homme, cachent un cœur faux, corrompu, ingrat.

— Si j'avais de l'esprit, reprit la Bête, je vous ferais un grand compliment pour vous remercier; mais je suis un stupide, et tout ce que je puis vous dire, c'est que je vous suis bien obligé.

La Belle soupa de bon appétit. Elle n'avait presque plus peur du monstre, mais elle manqua mourir de frayeur lorsqu'il lui dit:

— La Belle, voulez-vous être ma femme?

Elle fut quelque temps sans répondre: elle avait peur d'exciter la colère du monstre en refusant sa proposition. Elle lui dit enfin en tremblant:

— Non, la Bête.

Dans le moment, ce pauvre monstre voulut soupirer et il fit un sifflement si épouvantable que tout le palais en retentit; mais la Belle fut bientôt rassurée, car la Bête, lui ayant dit tristement «Adieu donc, la Belle», sortit de la chambre en se retournant de temps en temps pour la regarder encore. Belle, se voyant seule, sentit une grande compassion pour cette pauvre Bête. «Hélas! disait-elle, c'est bien dommage qu'elle soit si laide, elle est si bonne!»

Belle passa trois mois dans ce palais avec assez de tranquillité. Tous les soirs, la Bête lui rendait visite et parlait avec elle pendant le souper avec assez de bon sens, mais jamais avec ce qu'on appelle esprit dans le monde. Chaque jour, Belle découvrait de nouvelles bontés dans ce monstre : l'habitude de le voir l'avait accoutumée à sa laideur et, loin de craindre le moment de sa visite, elle regardait souvent sa montre pour voir s'il était bientôt neuf heures, car la Bête ne manquait jamais de venir à cette heure-là.

Il n'y avait qu'une chose qui faisait de la peine à la Belle, c'est que le monstre, avant de se coucher, lui demandait toujours si elle voulait être sa femme et paraissait pénétré de douleur lorsqu'elle lui disait que non. Elle lui dit un jour :

— Vous me chagrinez, la Bête ! Je voudrais pouvoir vous épouser, mais je suis trop sincère pour vous faire croire que cela arrivera jamais : je serai toujours votre amie ; tâchez de vous contenter de cela.

— Il le faut bien, reprit la Bête. Je me rends justice ! je sais que je suis horrible, mais je vous aime beaucoup. Aussi, je suis trop heureux de ce que vous vouliez bien rester ici. Promettez-moi que vous ne me quitterez jamais !

La Belle rougit à ces paroles. Elle avait vu, dans son miroir, que son père était malade de chagrin de l'avoir perdue et elle souhaitait le revoir.

— Je pourrais bien vous promettre de ne vous jamais quitter tout à fait, mais j'ai tant envie de revoir mon père que je mourrai de douleur si vous me refusez ce plaisir.

— J'aime mieux mourir moi-même, dit le monstre, que de vous donner du chagrin. Je vous enverrai chez votre père, vous y resterez, et votre pauvre Bête en mourra de douleur.

— Non, lui dit la Belle en pleurant, je vous aime trop pour vouloir causer votre mort. Je vous promets de revenir dans huit jours. Vous m'avez fait voir que mes sœurs sont mariées et que mes frères sont partis pour l'armée. Mon père est tout seul : acceptez que je reste chez lui une semaine.

— Vous y serez demain au matin, dit la Bête. Mais souvenez-vous de votre promesse : vous n'aurez qu'à mettre votre bague sur une table en vous couchant quand vous voudrez revenir. Adieu, la Belle !

La Bête soupira, selon sa coutume, en disant ces mots, et la Belle se coucha, toute triste de l'avoir affligée. Quand elle se réveilla, le matin, elle se trouva dans la maison de son père et, ayant sonné une clochette qui était à côté du lit, elle vit venir la servante qui poussa un grand cri en la voyant. Le bonhomme accourut à ce cri et manqua de mourir de joie en revoyant sa chère fille, et ils se tinrent embrassés plus d'un quart d'heure.

La Belle, après les premiers transports, pensa qu'elle n'avait point d'habits pour se lever ; mais la servante lui dit qu'elle venait de trouver dans la chambre voisine un grand coffre plein de robes d'or, garnies de diamants. Belle remercia la bonne Bête de ses attentions. Elle prit la moins riche de ces robes et dit à la servante de ranger les autres dont elle voulait faire présent à ses sœurs. Mais à peine eut-elle prononcé ces paroles, que le coffre disparut. Son père lui dit que la Bête voulait qu'elle gardât tout cela pour elle, et aussitôt les robes et le coffre revinrent à la même place.

La Belle s'habilla et, pendant ce temps, on alla avertir ses sœurs qui accoururent avec leurs maris. Elles étaient toutes deux fort malheureuses. L'aînée avait épousé un jeune gentilhomme* beau comme l'Amour ; mais il était si amoureux de sa propre figure qu'il n'était occupé que de cela depuis le matin jusqu'au soir. La seconde avait épousé un homme qui avait beaucoup d'esprit, mais il ne s'en servait que pour faire enrager tout le monde, à commencer par sa femme. Les sœurs de la Belle manquèrent de mourir de douleur quand elles la virent habillée comme une princesse, et plus belle que le jour. Rien ne put étouffer leur jalousie, qui augmenta lorsque la Belle leur eut conté combien elle était heureuse. Ces deux jalouses descendirent dans le jardin pour y pleurer tout à leur aise et elles se disaient :

— Pourquoi cette petite créature est-elle plus heureuse que nous ? Ne sommes-nous pas plus aimables qu'elle ?

— Ma sœur, dit l'aînée, il me vient une pensée ! Tâchons de l'arrêter ici plus de huit jours : sa sotte Bête se mettra en colère de ce qu'elle lui aura manqué de parole et peut-être qu'elle la dévorera.

— Vous avez raison, ma sœur, répondit l'autre. Nous ferons tout pour la retenir ici.

Et, ayant pris cette résolution, elles remontèrent et firent tant d'amitiés à leur sœur que la Belle en pleura de joie.

Quand les huit jours furent passés, les deux sœurs s'arrachèrent les cheveux, feignirent tellement d'être affligées de son départ que la Belle promit de rester encore huit jours.

Cependant Belle se reprochait le chagrin qu'elle allait donner à sa pauvre Bête qu'elle aimait de tout son cœur. Elle s'ennuyait aussi de ne plus la voir.

La dixième nuit qu'elle passa chez son père, elle rêva qu'elle était dans le jardin du palais et qu'elle voyait la Bête couchée sur l'herbe, et prête à mourir, qui lui reprochait son ingratitude. La Belle se réveilla en sursaut et versa des larmes. « Ne suis-je pas bien méchante, dit-elle, de donner du chagrin à une bête qui a pour moi tant de complaisance* ! Est-ce sa faute si elle est si laide ? et si elle a peu d'esprit ? Elle est bonne, cela vaut mieux que tout le reste. Pourquoi n'ai-je pas voulu l'épouser ?

Je serais plus heureuse avec elle que mes sœurs avec leur mari. Ce n'est ni la beauté ni l'esprit d'un mari qui rendent une femme contente, c'est la bonté du caractère, la vertu, et la Bête a toutes ces bonnes qualités. Je n'ai point d'amour pour elle, mais j'ai de l'estime, de l'amitié et de la reconnaissance. Allons, il ne faut pas la rendre malheureuse ! Je me reprocherais toute ma vie mon ingratitude. »

À ces mots la Belle se lève, met la bague sur la table et revient se coucher. À peine fut-elle dans son lit qu'elle s'endormit.

Quand elle se réveilla le matin, elle vit avec joie qu'elle était dans le palais de la Bête. Elle s'habilla magnifiquement pour lui plaire et s'ennuya à mourir toute la journée, en attendant neuf heures du soir ; mais l'horloge eut beau sonner, la Bête ne parut point. La Belle alors craignit d'avoir causé sa mort. Elle courut tout le palais en jetant de grands cris ; elle était au désespoir. Après avoir cherché partout, elle se souvint de son rêve et courut dans le jardin vers le canal où elle l'avait vue en dormant.

Elle trouva la pauvre Bête étendue, sans connaissance et crut qu'elle était morte. Elle se jeta sur son corps sans avoir horreur de sa figure, et, sentant que son cœur battait encore, elle prit de l'eau dans le canal et lui en jeta sur la tête. La Bête ouvrit les yeux et dit à la Belle :

— Vous avez oublié votre promesse ! Le chagrin de vous avoir perdue m'a fait résoudre à me laisser mourir de faim ; mais je meurs content puisque j'ai le plaisir de vous revoir encore une fois.

— Non, ma chère Bête, vous ne mourrez point ! lui dit la Belle. Vous vivrez pour devenir mon époux. Dès ce moment, je vous donne ma main et je jure que je ne serai qu'à vous. Hélas ! je croyais n'avoir que de l'amitié pour vous, mais la douleur que je sens me fait voir que je ne pourrais vivre sans vous voir.

À peine la Belle eut-elle prononcé ces paroles qu'elle vit le château brillant de lumières. Les feux d'artifice, la musique, tout lui annonçait une fête ; mais toutes ces beautés n'arrêtèrent point sa vue. Elle se retourna vers sa chère Bête dont l'état faisait frémir. Quelle ne fut pas sa surprise ? La Bête avait disparu, et elle ne vit plus à ses pieds qu'un prince plus beau que l'Amour, qui la remerciait d'avoir rompu son enchantement.

Quoique ce prince méritât toute son attention, elle ne put s'empêcher de lui demander où était la Bête.

— Vous la voyez à vos pieds, lui dit le prince. Une méchante fée m'avait condamné à rester sous cette figure jusqu'à ce qu'une belle fille consentît à m'épouser, et elle m'avait défendu de faire paraître mon esprit. Ainsi il n'y avait que vous dans le monde pour vous laisser toucher par la bonté de mon caractère : en vous offrant ma couronne, je ne puis m'acquitter des obligations que j'ai pour vous.

La Belle, agréablement surprise, donna la main à ce beau prince pour le relever. Ils allèrent ensemble au château et la Belle manqua de mourir de joie en trouvant, dans la grand-salle, son père et toute sa famille, que la belle dame qui lui était apparue en songe avait transportés au château.

— Belle, lui dit cette dame, qui était une grande fée, venez recevoir la récompense de votre bon choix : vous avez préféré la vertu à la beauté et à l'esprit. Vous méritez de trouver toutes ces qualités réunies en une même personne. Vous allez devenir une grande reine : j'espère que le trône ne détruira pas vos vertus. Pour vous, mesdemoiselles, dit la fée aux deux sœurs de la Belle, je connais votre cœur et toute la malice qu'il renferme. Devenez deux statues, mais conservez toute votre raison sous la pierre qui vous enveloppera. Vous demeurerez à la porte du palais de votre sœur, et je ne vous impose point d'autre peine que d'être témoins de son bonheur. Vous ne pourrez revenir dans votre premier état qu'au moment où vous reconnaîtrez vos fautes. Mais j'ai bien peur que vous ne restiez toujours statues. On se corrige de l'orgueil, de la colère, de la gourmandise et de la paresse, mais c'est une espèce de miracle que la conversion d'un cœur méchant et envieux.

Dans le moment, la fée donna un coup de baguette qui transporta tous ceux qui étaient dans cette salle dans le royaume du prince. Ses sujets le virent avec joie, et il épousa la Belle, qui vécut avec lui fort longtemps, et dans un bonheur parfait, parce qu'il était fondé sur la vertu.

Clark Ashton Smith

L'ENCHANTERESSE DE SYLAIRE

— Mais voyons, grand niais*, jamais je ne pourrais vous épouser! avait déclaré damoiselle Dorothée, fille unique du Seigneur des Flèches. Ses lèvres qui faisaient la moue* à Anselme ressemblaient à deux fruits bien mûrs. Sa voix coulait comme du miel – mais ce miel était plein de dards* et de venin. Vous n'êtes pas trop laid, et vos manières ne me déplaisent point. Mais je voudrais posséder un miroir qui puisse vous montrer à vous-même le fol que vous êtes.

— Mais pourquoi? avait demandé Anselme, perplexe et attristé.

— Parce que vous n'êtes qu'un rêveur écervelé, vous passez votre temps plongé dans vos livres, comme un moine. Vous ne vous intéressez qu'à de stupides vieilles romances et légendes. Vous avez la chance d'être au moins le fils puîné du comte du Framboisier – mais vous ne serez jamais davantage!

— Hier, cependant, vous m'aimiez un peu, dit Anselme avec amertume.

Les femmes ne voient plus rien d'aimable en l'homme qu'elles ont cessé d'aimer.

— Âne! Benêt! s'écria Dorothée en secouant avec une maussade arrogance ses bouclettes blondes. Si vous n'étiez pas tel que je l'ai dit, jamais vous ne me parleriez d'hier! Allez-vous-en, idiot, et ne revenez plus!

Anselme, l'ermite*, avait mal dormi ; il avait passé la nuit à se tourner désespérément sur son étroite et dure paillasse, comme si la chaleur suffocante de cette nuit d'été lui avait enfiévré le sang.

En outre, l'ardeur* naturelle de sa jeunesse avait également contribué à son malaise. Il ne souhaitait pas penser aux femmes – à une certaine femme en particulier – et pourtant, après treize mois de solitude au cœur de la sauvage forêt d'Averoigne, il était encore loin d'avoir oublié. Si les sarcasmes* de Dorothée des Flèches le blessaient cruellement, le souvenir de sa beauté lui faisait plus mal encore : sa bouche pleine et épanouie, ses bras ronds et sa taille élancée, sa gorge et ses hanches qui n'avaient pas encore atteint la plénitude de leurs courbes…

Chaque fois que, de loin en loin, il s'était assoupi pour un instant, les rêves étaient venus en masse entourer sa couche d'autres visiteuses, belles, certes, mais inconnues.

Il se leva à l'aube, las et agité. Sans doute cela le rafraîchirait-il d'aller se baigner, comme il l'avait fait bien souvent, dans cette fontaine alimentée par la rivière Isoile et dissimulée au milieu de fourrés d'aunes et de saules. À cette heure du jour, l'eau serait délicieusement froide et elle calmerait sa fièvre.

Il sortit de sa cabane faite de claies d'osier, les yeux picotants, éblouis par la vive lumière du matin. Ses pensées vagabondaient, encore troublées par le tumulte de la nuit. Avait-il été sage, après tout, d'abandonner le monde, de quitter ses amis et sa famille et de se retirer loin de tout, à cause de la méchanceté d'une jeune fille ? Impossible de se leurrer* et de se prétendre à soi-même qu'il s'était fait ermite par une quelconque aspiration à la sainteté, pareille à celle qui animait les anciens anachorètes. En vivant dans un tel isolement, n'aggravait-il pas en réalité le mal qu'il cherchait à soigner ?

L'idée lui venait seulement à présent que peut-être il était justement en train de se conduire comme le rêveur inutile, le sot oisif que Dorothée l'avait accusé d'être. C'était une faiblesse de sa part que de s'être laissé affecter par un refus.

Il marchait les yeux baissés et arriva ainsi, sans s'en rendre compte, aux fourrés qui bordaient la fontaine. Toujours sans regarder devant lui, il écarta les jeunes saules et s'apprêtait à se dépouiller de ses vêtements lorsqu'un clapotis tout proche le tira de ses réflexions.

Avec un certain dépit, Anselme constata qu'il y avait déjà quelqu'un dans la fontaine. Et pour comble de consternation*, il s'agissait d'une femme. Debout, pratiquement au centre, là où l'eau était plus profonde, elle agitait l'eau de ses mains, formant de petites vagues qui venaient se briser contre la base de ses seins. Sa peau, claire et mouillée, luisait comme les pétales d'une rose blanche trempée de rosée.

Le dépit d'Anselme fit place à la curiosité, puis à un plaisir involontaire. Il se dit qu'il souhaitait se retirer, mais qu'il craignait qu'un mouvement brusque n'effarouchât la baigneuse. Son profil pur légèrement incliné et le dessin parfait de son épaule gauche tournée vers lui, elle ne s'était pas encore aperçue de sa présence.

Une femme jeune et belle, voilà la dernière chose qu'il désirait voir ! Et cependant, il ne pouvait en détacher ses regards. Cette femme lui était inconnue, et il pressentait qu'elle ne venait pas du village ni de la région. Elle était aussi jolie que les châtelaines des grands domaines d'Averoigne. Mais de toute évidence, pas une de ces dames ou de ces damoiselles ne se baignerait toute seule dans une fontaine de la forêt.

Une épaisse chevelure châtain, dont les boucles étaient retenues par une légère résille d'argent, ondoyait sur ses épaules et flamboyait d'un or rouge, fauve, aux endroits où les rayons du soleil parvenaient jusqu'à elle au travers du feuillage. À son cou, pendait une fine chaîne d'or qui semblait refléter l'éclat de ses cheveux et dansait entre ses seins tandis qu'elle jouait avec l'onde.

L'ermite la contemplait, comme pris dans les rets d'un soudain enchantement. Sa jeunesse montait en lui, en réaction à l'évocation d'une telle beauté.

Sans doute lassée de son jeu, elle se retourna et se mit à marcher vers le rivage opposé où, Anselme le remarquait à présent, un tas de vêtements féminins gisaient dans l'herbe en un charmant désordre. Pas à pas, elle émergeait de l'eau de moins en moins profonde et ce faisant, elle découvrait des hanches et des cuisses dignes des Vénus de l'antiquité.

À ce moment-là, il vit un peu plus loin un loup énorme qui était apparu furtivement, telle une ombre sortant des taillis, et s'était installé à côté de la pile de vêtements. Anselme n'avait jamais vu un loup comme celui-là. Il songea aux légendes d'après lesquelles ces anciennes forêts étaient prétendument infestées de loups-garous, et instantanément sa frayeur se teinta de l'effroi qu'inspirent seulement les choses surnaturelles. La fourrure de l'animal était d'une étrange couleur : d'un noir-bleu extrêmement luisant. La bête était considérablement plus grande que les loups gris que l'on voyait communément dans les bois. Tapie et immobile, à demi dissimulée par les roseaux, elle semblait attendre la jeune femme qui approchait de la rive.

Dans un instant, se dit Anselme, cette dernière se rendrait compte du danger et elle hurlerait d'effroi en tâchant de s'enfuir. Mais elle avançait toujours, la tête inclinée vers l'avant, comme plongée dans une paisible méditation.

— Gare au loup ! cria-t-il d'une voix étonnamment forte – et il eut le sentiment de briser un silence quasiment magique. Au moment précis où les mots sortaient de sa bouche, le loup se mit à trotter et disparut derrière les fourrés en direction de la grande forêt de chênes et de hêtres. La femme tourna par-dessus son épaule un petit visage ovale aux yeux légèrement en amande et aux lèvres aussi rouges que la fleur de la grenade, et elle sourit à Anselme. Elle ne semblait ni effrayée par le loup ni gênée par la présence d'Anselme.

— Il n'y a rien à craindre, dit-elle d'une voix pareille à la coulée de miel chaud. Les loups ne m'attaquent pas, qu'ils soient seuls ou même à deux.

— Mais peut-être y en a-t-il plusieurs qui rôdent aux alentours, insista Anselme. Et il existe des dangers plus graves encore que les loups pour quiconque s'aventure ainsi sans compagnie dans la forêt d'Averoigne. Avec votre permission, lorsque vous vous serez rhabillée, je vous reconduirai chez vous, que votre demeure se trouve loin ou près d'ici.

— Ma demeure est à la fois très proche, dans un sens, et très éloignée, dans un autre, répondit énigmatiquement la dame. Mais vous pouvez m'y reconduire, si tel est votre souhait.

Elle se tourna vers le tas de vêtements et Anselme s'éloigna de quelques pas parmi les aunes et s'occupa à tailler un solide gourdin qui pût lui servir d'arme contre les bêtes sauvages et tous les autres agresseurs possibles. Il était animé d'une agitation étrange et délectable* à la fois, et à plusieurs reprises il faillit se couper les doigts avec son couteau. La misogynie* à cause de laquelle il s'était retiré dans son ermitage au fond des bois commençait à lui paraître le fait d'un léger manque de maturité, voire d'une véritable puérilité. Il s'était laissé blesser trop profondément et pour trop longtemps par l'injustice d'une petite fille effrontée.

Le temps pour Anselme de terminer son gourdin, et la dame avait achevé sa toilette. Elle vint à sa rencontre, ondulante comme une lamie. Son corsage de velours, d'un vert printanier, la moulait aussi étroitement que l'étreinte d'un amant, tout en laissant à découvert la partie supérieure de ses seins. Sa jupe de velours violet, fleuri de bleu pâle et de pourpre, soulignait les contours sinueux de ses hanches et de ses jambes. Ses pieds menus étaient enfermés dans de délicates pantoufles de cuir fin teint en rouge, dont les pointes se relevaient à la poulaine, non sans espièglerie. Le style de ces vêtements, quoique curieusement antique, confirmait Anselme dans son impression qu'il s'agissait d'une personne de haut rang.

Ses atours révélaient les attributs de sa féminité, au lieu de les dissimuler, et par sa conduite, elle semblait s'offrir en même temps qu'elle se refusait.

Anselme s'inclina devant elle avec une grâce courtoise qui démentait la grossièreté campagnarde de ses habits.

— Ah, je vois que vous n'avez pas toujours été ermite, dit-elle avec un rien d'ironie dans la voix.

— Me connaissez-vous donc ? dit Anselme.

— Je sais beaucoup de choses. Je suis Séphora, l'enchanteresse. Vous n'avez probablement jamais entendu parler de moi, car je vis à l'écart, en un lieu que nul ne peut découvrir sans que je le permette.

— Je ne sais pas grand-chose sur la magie, avoua Anselme. Mais je suis prêt à croire que vous êtes une enchanteresse.

Depuis quelques minutes ils empruntaient une étroite sente qui serpentait dans la vieille forêt. C'était un sentier que l'ermite n'avait jamais rencontré au cours de ses nombreuses pérégrinations*. De minces jeunes arbres poussaient des deux côtés et, avec les branches basses des énormes hêtres, rendaient le passage malaisé. Anselme les écartait pour sa compagne et, ce faisant, il lui arrivait souvent de frôler délicieusement l'épaule et le bras de celle-ci. À plus d'une reprise, elle s'appuya sur lui, comme si le sol inégal lui faisait perdre l'équilibre. Son poids était un fardeau délectable, trop rapidement enlevé. Le pouls d'Anselme battait la chamade et n'arrivait pas à se calmer.

Anselme avait totalement oublié ses résolutions d'ermite. Son sang et sa curiosité de plus en plus excités, il osa lancer quelques traits galants*, et Séphora les lui renvoya de façon fort provocante. Par contre, lorsqu'il posait des questions, elle les éludait par des réponses dans le vague. Il ne put rien apprendre, rien deviner à son sujet. Même son âge l'intriguait : par moments il la voyait comme une toute jeune fille, tandis qu'à d'autres instants il se disait qu'elle était une femme en pleine maturité.

Plus d'une fois, pendant qu'ils cheminaient, il aperçut les reflets d'une fourrure noire au travers du feuillage bas, et il acquit la certitude que le mystérieux loup noir qu'il avait vu près de l'étang les accompagnait en les surveillant furtivement. Néanmoins, l'enchantement qui avait fondu sur lui avait en quelque sorte endormi son sens du danger.

Bientôt le sentier devint plus escarpé et ils grimpèrent sur les flancs d'une colline plantée de bois touffus. Puis la végétation s'éclaircit, les arbres firent place à des pins rabougris et clairsemés et ils débouchèrent enfin dans une lande brune et désertique que les pins encerclaient tout comme la tonsure entoure la calotte d'un moine. Cette lande était parsemée de monolithes* druidiques datant d'une époque encore antérieure à l'occupation d'Averoigne par les Romains. Pratiquement au centre s'élevait un dolmen massif, formé de deux dalles verticales qui en supportaient une troisième, comme un linteau de porte. Le sentier menait tout droit vers le dolmen.

— Voici l'entrée de mon domaine, dit Séphora lorsqu'ils approchèrent. Je tombe de fatigue. Il faut que tu me prennes dans tes bras pour passer sous l'antique portail.

Anselme obéit sans se faire prier. Au moment où il la souleva, il vit ses joues pâlir, ses paupières palpiter et se fermer. Un instant, il crut qu'elle avait perdu connaissance, mais ses bras chauds s'accrochèrent et se nouèrent autour de son cou.

Enivré par la véhémence soudaine de ses émotions, il franchit avec elle le dolmen. Tout en marchant, il laissa ses lèvres se déposer en travers de ses yeux clos, effleurer dans un délire la douce flamme rouge de ses lèvres, errer sur la pâleur de rose de sa gorge. De nouveau elle parut s'évanouir sous tant d'ardeur.

Quant à lui, ses membres fondaient et ses yeux se perdaient dans un fougueux aveuglement. La terre sembla céder sous leur poids.

Relevant la tête, Anselme regarda autour de lui avec une stupeur croissante. Il n'avait fait que quelques pas avec Séphora dans les bras, et cependant l'herbe sur laquelle ils étaient étendus n'était pas la végétation rare et desséchée de la lande : c'était un gazon épais et verdoyant, émaillé de minuscules fleurettes printanières ! Des chênes et des hêtres, plus imposants encore que ceux de la forêt qu'il connaissait bien, apparaissaient de tous les côtés, luxuriants, chargés d'abondants feuillages neufs, d'un vert doré, là où il croyait avoir vu un plateau aride. Il se retourna et constata que le dolmen gris et couvert de lichen était le seul détail qui subsistait de l'ancien paysage.

Le soleil lui-même avait changé de position. Alors qu'au moment où Anselme et Séphora avaient débouché dans la lande, il se trouvait à leur gauche, encore relativement bas du côté de l'orient, voilà qu'à présent, dardant des rayons ambrés au travers du feuillage de la forêt, il était sur le point d'atteindre l'horizon sur leur droite.

Anselme se rappela que Séphora s'était présentée comme une enchanteresse. Tout ceci, en effet, était bien de la sorcellerie ! Il la contempla avec des doutes et des craintes étranges.

— Rassure-toi, dit Séphora avec un sourire de miel qui le réconforta. Je t'avais dit que ce dolmen était l'entrée de mon domaine. Nous nous trouvons maintenant dans un pays qui est en dehors du temps et de l'espace tels que tu les as toujours connus jusqu'ici. Les saisons elles-mêmes y sont différentes. Mais ce n'est pas de la sorcellerie, sinon celle des grands druides de l'antiquité qui connaissaient le secret de ce royaume caché et érigèrent ces pierres géantes pour en faire un portail commun aux deux mondes. Si tu te lassais de moi, tu pourrais le franchir en sens inverse à n'importe quel moment. Mais j'espère que tu n'es pas fatigué de me voir, déjà…

Quoique encore abasourdi, Anselme fut soulagé d'entendre cela. Il se mit alors en devoir de prouver à Séphora que l'espoir qu'elle avait exprimé était fondé. En fait, il démontra la chose pendant si longtemps et de façon si approfondie que le soleil disparut derrière l'horizon avant que Séphora ne puisse reprendre haleine et parler.

— L'air fraîchit, dit-elle en se serrant contre lui, légèrement frissonnante. Mais nous sommes tout près de chez moi.

Ils arrivèrent, dans le crépuscule, devant une haute tour ronde entourée d'arbres et de tertres herbeux.

— Il y a des siècles, dit Séphora, se dressait ici un grand château : il ne reste plus que la tour, et j'en suis la châtelaine, la dernière survivante de ma famille. La tour et les terres qui y sont attachées ont pour nom Sylaire.

L'intérieur, doucement éclairé par de longues bougies, était tendu de riches tapisseries aux dessins vagues et étranges. Des domestiques âgés, d'une pâleur de cadavres et habillés à l'ancienne, allaient et venaient, aussi furtifs que des spectres, et disposèrent des vins et des aliments devant l'enchanteresse et son invité, dans une vaste salle. Les vins, extrêmement vieux, avaient une saveur toute particulière, et les mets étaient curieusement épicés. Anselme mangea copieusement et but de même. Il croyait vivre un rêve fantastique et, comme on le fait dans un rêve, il acceptait tout ce qui l'entourait, sans se laisser troubler par son étrangeté.

Les vins étaient capiteux, et ses sens, comme drogués, se perdaient dans un chaleureux oubli. Mais plus enivrante encore était la présence de Séphora à ses côtés.

Néanmoins, il fut un peu alarmé quand l'énorme loup noir qu'il avait vu le matin entra dans la salle et vint se coucher comme un chien aux pieds de son hôtesse.

— Tu vois, il est tout à fait apprivoisé, dit-elle en jetant au loup des morceaux de viande de son assiette. Je le laisse souvent entrer à sa guise dans la tour, et il m'accompagne parfois quand je sors de Sylaire.

— Il a l'air bien féroce, fit remarquer Anselme, incrédule.

Le loup parut comprendre ces mots, car il montra les dents à Anselme en faisant entendre un grognement rauque, inhabituellement grave. De petites flammes rouges se mirent à luire dans ses yeux sombres, comme sur des braises attisées par des démons au plus noir de l'enfer.

— Va-t'en, Malachie, dit l'enchanteresse avec sévérité.

Le loup lui obéit et se glissa hors de la pièce, non sans adresser à Anselme un dernier regard mauvais.

— Il ne t'aime pas, dit Séphora. Mais ce n'est sans doute pas surprenant.

Anselme, noyé dans l'alcool et l'amour, omit de lui demander ce que signifiaient ces paroles.

Le matin se leva, trop tôt, allumant aux premiers rayons du soleil les cimes des arbres qui entouraient la tour.

— Il faut que tu me laisses quelques instants, dit Séphora, lorsqu'ils eurent terminé leur petit déjeuner. J'ai un peu négligé ma magie, ces derniers temps, et il y a certaines questions que je voudrais analyser de plus près.

Se penchant avec grâce, elle lui baisa la paume des mains. Puis, se retournant plusieurs fois pour lui envoyer des regards et des sourires, elle se retira dans une pièce en haut de la tour, voisine de sa chambre à coucher. C'est là, avait-elle expliqué à Anselme, qu'elle gardait ses grimoires*, ses potions et tous ses ustensiles de magie.

En son absence, Anselme décida de sortir explorer les bois environnants. Songeant au loup noir, auquel il ne se fiait pas malgré le fait que Séphora le prétendait apprivoisé, il emporta le gourdin qu'il s'était taillé la veille dans les fourrés aux bords de l'Isoile.

Il y avait des chemins de toutes parts, et tous menaient à des endroits frais et exquis. Vraiment, Sylaire était un pays enchanteur. Attiré par la lumière, dorée comme dans les rêves, et conduit par la brise porteuse de toute la fraîcheur des fleurs du printemps, Anselme marcha de clairière en clairière.

Il arriva ainsi dans une dénivellation couverte d'herbe et au milieu de laquelle sourdait une minuscule source cachée sous des pierres moussues. S'asseyant sur l'une de celles-ci, il se mit à songer à l'étrange bonheur qui était entré dans sa vie aussi inopinément*. Tout s'était passé comme dans ces vieilles romances, ces contes imaginaires et merveilleux qu'il avait toujours aimé lire. Il ne put s'empêcher de sourire en se rappelant les sarcasmes par lesquels Dorothée des Flèches avait exprimé sa désapprobation quant aux lectures qu'il préférait. Que penserait

Dorothée de tout ceci ? Très certainement, cela lui serait parfaitement indifférent…

Ses réflexions furent soudain interrompues. Dans un bruissement de feuillage, le loup noir sortit du bosquet qui était en face de lui. L'animal gémissait comme pour attirer son attention, et il semblait avoir perdu son air de cruauté.

Stupéfait – et un peu effrayé –, Anselme vit que le loup se mettait à déterrer avec ses pattes des plantes qui ressemblaient assez à de l'ail sauvage. Puis il les dévora avec une avidité manifeste.

Il s'ensuivit un phénomène qui laissa Anselme bouche bée : le loup se tenait donc devant lui – et l'instant d'après, au même endroit, se dressait un homme, mince, puissant, avec une chevelure et une barbe noir-bleu et des yeux sombres, ardents. Ses cheveux étaient plantés tellement bas qu'ils rejoignaient presque les sourcils et la barbe lui poussait pratiquement jusqu'à ses cils inférieurs. Ses bras, ses jambes, ses épaules et sa poitrine étaient couverts d'une toison* broussailleuse.

— Je ne vous veux aucun mal, soyez-en certain, dit l'homme. Je m'appelle Malachie du Marais. Je suis sorcier et fus jadis l'amant de Séphora. Lassée de moi et craignant mes pouvoirs magiques, elle me changea en loup-garou en me faisant boire à mon insu l'eau d'une source qui se trouve quelque part dans ce domaine enchanté de Sylaire. Depuis des temps très reculés, un sort est attaché à cette fontaine, et quiconque absorbe de son eau est atteint de lycanthropie*. En outre, Séphora renforça encore la malédiction au moyen de ses pouvoirs propres. À présent, je ne peux plus me défaire de mon apparence de loup que pendant quelques instants, à la nouvelle lune. Je peux également reprendre ma forme humaine – pour quelques minutes seulement – en mangeant cette racine que vous m'avez vu déterrer et dévorer. Mais cette racine est extrêmement rare.

Anselme songea que les sorcelleries de Sylaire étaient plus complexes qu'il ne se l'était imaginé jusque-là. Mais, dans sa stupeur, il se sentait incapable de faire confiance à l'être bizarre qui se tenait devant lui. Il connaissait de nombreuses histoires de loups-garous – ceux-ci avaient la réputation d'être assez communs dans la France médiévale – et on disait que leur férocité était davantage celle de démons que celle de simples brutes.

— Permettez-moi de vous mettre en garde contre le grave danger que vous courez, poursuivit Malachie du Marais. Ce fut fort inconsidéré de votre part de vous laisser séduire par Séphora. Si vous voulez être sage, quittez les abords de Sylaire aussi rapidement que possible. Ces terres sont vouées au mal et à la sorcellerie depuis des temps immémoriaux et tous ceux qui y vivent sont aussi vieux et aussi maudits qu'elles. Les domestiques de Séphora, qui vous ont servi hier soir, sont des vampires. Le jour, ils dorment dans les caves de la tour, et la nuit, ils sortent. Ils passent le portail des druides et vont se chercher des proies parmi les habitants d'Averoigne.

Il se tut, comme pour donner plus d'importance à ce qu'il voulait encore ajouter. Ses yeux se mirent à briller d'un éclat sinistre, tandis que sa voix grave se réduisit à un chuchotement sifflant :

— Séphora elle-même est une lamie. Elle est pour ainsi dire immortelle, car elle se régénère au moyen des forces vitales des jeunes gens. Elle a eu, au cours des temps, de nombreux amants et, sans pouvoir préciser quel fut leur sort, je sais cependant qu'il ne fut guère enviable. La jeunesse et la beauté de Séphora ne sont que des illusions. S'il vous était donné de la voir telle qu'elle est en réalité, vous seriez pris d'une répulsion* terrible et guéri à jamais de votre dangereux amour. Vous la verriez, inimaginablement vieille et infâme jusqu'à la hideur.

— Mais comment cela peut-il se faire ? demanda Anselme. Sincèrement, je ne puis pas vous croire.

Malachie haussa ses épaules velues.

— Au moins, je vous aurai prévenu. Mais je vais bientôt redevenir loup, il faut que je vous quitte. Si vous souhaitez un jour venir me voir là où je vis, à un mile de la tour de Séphora, du côté de l'ouest, peut-être pourrai-je vous convaincre de la véracité de mes dires. En attendant, tâchez de vous rappeler si vous avez vu des miroirs dans la chambre de Séphora, ainsi qu'il s'en trouverait dans les appartements de toute femme jeune et belle comme elle. Les vampires et les lamies ont peur des miroirs – à juste titre.

Anselme retourna vers la tour, l'esprit troublé. Ce que Malachie lui avait dit était invraisemblable. Et pourtant, il y avait les domestiques de Séphora. Il ne s'était guère aperçu de leur absence ce matin-là, et cependant il ne les avait effectivement plus vus depuis la veille au soir. Et il ne se souvenait pas d'avoir aperçu aucun miroir dans les affaires féminines de Séphora.

Il trouva cette dernière occupée à l'attendre dans la salle inférieure de la tour. Un seul coup d'œil à l'extrême douceur de sa féminité suffit à le rendre honteux des doutes que lui avait inspirés Malachie du Marais.

Le regard bleu-gris de Séphora l'interrogea, intense et tendre à la fois, pareil à celui de quelque déesse païenne de l'amour. Sans omettre le moindre détail, il lui raconta sa rencontre avec le loup-garou.

— Ah ! J'ai donc bien fait de me fier à mon intuition, dit-elle. Hier soir, lorsque le loup noir s'est mis à grogner et à te menacer, j'ai pensé qu'il était peut-être en train de devenir plus dangereux que je ne le croyais. Ce matin, dans ma chambre de magie, j'ai fait usage de mes dons de clairvoyance – et j'ai

L'Enchanteresse de Sylaire

beaucoup appris. De fait, je me suis montrée imprudente. Malachie est devenu une menace pour ma sécurité. En outre, il te hait et pourrait détruire notre bonheur.

— C'est donc vrai, alors, qu'il a été ton amant, demanda Anselme, et que tu l'as changé en loup-garou ?

— Il a été mon amant, il y a très, très longtemps. Mais s'il est devenu loup-garou, c'est par sa propre volonté et parce qu'il a eu la curiosité malsaine de boire à la fontaine dont il t'a parlé. Il le regrette, à présent. En effet, son corps de loup lui accorde sans doute davantage de puissance malfaisante, mais par contre il le limite dans ses actes et sa sorcellerie. Il voudrait retrouver sa forme humaine et, s'il y parvient, il deviendra doublement redoutable pour nous deux.

» J'aurais dû le surveiller de plus près. J'ai découvert qu'il m'a volé la recette de l'antidote* aux eaux lycanthropiques. Par clairvoyance, j'ai pu voir qu'il avait déjà préparé cet antidote au cours des brefs intervalles d'humanité qu'il parvient à se ménager en mâchant une certaine racine. Quand il boira cette potion – et je présume qu'il a l'intention de le faire avant longtemps –, il retrouvera sa forme humaine de façon définitive. Il n'attend plus que la nouvelle lune pour cela, car c'est alors que la lycanthropie est le plus faible.

— Mais pourquoi Malachie me haïrait-il ? demanda Anselme. Et que puis-je faire pour te protéger contre lui ?

— Ta première question est un peu sotte, mon chéri. Voyons, il est jaloux de toi. Quant à me protéger... j'ai trouvé un bon tour à jouer à Malachie.

Elle tira des plis de son corsage une petite fiole en verre violet, de forme triangulaire.

— Cette fiole, dit-elle, est remplie d'eau de la fontaine aux loups-garous. Par clairvoyance, j'ai constaté que Malachie conserve la potion qu'il vient de se préparer dans une fiole similaire, de la même taille, de la même forme et de la même couleur. Si tu pouvais te rendre à son repaire pour échanger les deux fioles sans te faire remarquer, je crois que le résultat pourrait être très amusant.

— En effet, dit Anselme. J'irai donc.

— Le mieux serait d'y aller tout de suite, dit Séphora. Dans une heure il sera midi : c'est vers cette heure-ci que Malachie chasse, le plus souvent. D'ailleurs, si tu le trouvais dans son antre ou bien s'il revenait pendant que tu y étais encore, tu pourrais toujours dire que tu étais venu pour répondre à son invitation.

Elle expliqua soigneusement à Anselme comment trouver rapidement l'antre du loup-garou. De plus, elle lui donna une épée dont la lame, dit-elle, avait été trempée au rythme d'incantations magiques qui en assuraient l'efficacité contre des êtres tels que Malachie.

— Le loup est d'humeur changeante, maintenant, dit-elle. Si jamais il t'attaquait, ton bâton de bois d'aune ne te servirait pas à grand-chose.

Anselme n'eut aucun mal à localiser la tanière, car des sentiers y menaient presque tout droit. Il s'agissait des vestiges d'un ancien donjon écroulé, dont il ne restait plus qu'un tertre de terre et d'herbe et quelques blocs de pierre couverts de mousse. De l'entrée, jadis un portail altier, il ne subsistait qu'un large trou fort semblable à l'ouverture d'un terrier de grande dimension.

Anselme hésita devant le trou.

— Êtes-vous là, Malachie du Marais ? cria-t-il.

Pas de réponse. Pas même le moindre bruit indiquant un mouvement à l'intérieur. Anselme cria encore. Finalement, se mettant à quatre pattes, il pénétra dans la tanière.

L'Enchanteresse de Sylaire

La lumière passait par de nombreuses ouvertures, treillagées par les racines errantes des arbres : c'étaient les endroits où le tertre s'était affaissé. L'antre ressemblait à une grotte plutôt qu'à une salle, et il y flottait l'odeur pestilentielle de nombreux restes de charognes qu'Anselme préféra ne pas chercher à identifier. Le sol était jonché de vieux os, de morceaux de souches et de débris végétaux, ainsi que de récipients d'alchimie brisés ou rouillés. Une bouilloire mangée de vert-de-gris était suspendue à un trépied au-dessus d'un tas de cendres et de restes de fagots calcinés. Des grimoires détrempés par la pluie moisissaient dans leurs couvertures métalliques envahies par la rouille. Un vestige de table, qui n'avait plus que trois pieds, était appuyé contre le mur. Parmi le fouillis d'objets dépareillés qui y étaient rassemblés, Anselme découvrit une fiole violette pareille à celle que lui avait remise Séphora.

Dans un coin se trouvait une litière d'herbe sèche. Une odeur forte, fétide, d'animal sauvage se mêlait à la puanteur des charognes.

Anselme regardait partout, l'oreille aux aguets. Vivement, sans perdre plus de temps, il substitua la fiole de Séphora à celle de Malachie. Et il dissimula cette dernière sous son justaucorps.

À ce moment-là, un bruit de pas se fit entendre à l'entrée de la caverne. Anselme se retourna et se trouva face au loup noir. L'animal s'avançait vers lui, tendu et apparemment prêt à bondir. Ses yeux flamboyaient comme des charbons incandescents de l'Averne. Les doigts d'Anselme glissèrent vers la poignée de l'épée enchantée que Séphora lui avait donnée.

Les yeux du loup suivirent son geste. La bête parut reconnaître l'épée. Se détournant, elle se mit à mâcher quelques racines de la fameuse plante qui ressemblait à de l'ail. Le sorcier avait sans doute rassemblé des provisions de ces racines pour pouvoir effectuer toutes les opérations qu'il lui était pratiquement impossible de réaliser en tant que loup.

Cette fois, la métamorphose ne fut pas complète : la tête, les bras et le corps de Malachie du Marais se dressèrent bientôt devant Anselme, mais ses jambes demeurèrent les pattes arrière d'un loup gigantesque. Il était pareil à ces monstres hybrides que décrivent les antiques légendes.

— Votre visite m'honore, dit-il, raillant à demi, mais avec un soupçon dans les yeux et la voix. Peu de gens ont pris la peine de pénétrer dans ma misérable demeure, et je vous en suis d'autant plus reconnaissant. En gage de gratitude pour votre gentillesse, je peux vous faire un cadeau.

De sa démarche de loup, il se dirigea vers sa table bancale et se mit à chercher parmi les objets hétéroclites qui la couvraient. Enfin, il en tira un miroir allongé, en argent splendidement poli et muni d'un manche serti de pierreries, tel que pourrait en posséder une grande dame ou une gente damoiselle. Et il l'offrit à Anselme.

— Je vous fais présent du miroir de la Réalité, dit-il. Toutes les choses s'y reflètent telles qu'elles sont réellement. Les illusions de la sorcellerie ne peuvent pas le leurrer. Vous ne m'avez pas cru lorsque je vous ai mis en garde contre Séphora. Mais, si vous voulez placer ce miroir devant son visage et regarder le reflet qui s'y dessinera, vous comprendrez que sa beauté, de même que tout à Sylaire, n'est qu'un mensonge trompeur, une illusion masquant une horreur et une corruption immémoriales. Vous ne me croyez pas ? Mettez donc le miroir devant mon visage : car moi aussi je fais partie de l'antique malédiction de ces lieux.

Anselme saisit le miroir et obéit aux injonctions de Malachie. L'espace d'un instant seulement, car déjà ses doigts inertes faillirent laisser tomber le miroir. Il avait vu l'image d'un visage que le sépulcre* aurait dû cacher depuis bien longtemps...

L'atrocité de cette vision le bouleversa si profondément qu'il ne devait pas se souvenir, par la suite, de la façon dont il avait quitté la tanière du loup-garou. Il avait gardé le cadeau de Malachie, mais plus d'une fois il avait été sur le point de s'en débarrasser. Il essayait de se persuader que ce qu'il avait vu n'était que le résultat d'un tour de magie. Il se refusait à croire qu'un miroir pourrait un jour lui révéler une Séphora différente de l'adorable et exquise créature dont les baisers lui brûlaient encore les lèvres.

Néanmoins, Anselme fut arraché à toutes ces réflexions par la situation qu'il trouva en rentrant dans la tour. Trois visiteurs étaient arrivés en son absence, et ils se tenaient debout devant Séphora qui, un calme sourire aux lèvres, semblait tâcher de leur expliquer quelque chose. Anselme reconnut les nouveaux venus avec stupéfaction – et non sans une certaine consternation.

Parmi eux se trouvait Dorothée des Flèches, vêtue d'une élégante tenue de voyage. Les deux autres étaient des serviteurs de son père, armés de grands arcs, de carquois remplis de flèches, de sabres et de dagues. En dépit de tout ce harnachement, ils n'avaient l'air ni très à l'aise, ni très rassurés. Dorothée, par contre, ne semblait rien avoir perdu de son habituelle et très prosaïque assurance.

— Que faites-vous en ce bizarre endroit, Anselme ? s'écria-t-elle. Et quelle est cette femme, cette châtelaine de Sylaire, comme elle dit ?

Anselme sut que, quelque réponse qu'il pût lui donner à ces deux questions, elle ne serait de toute façon pas capable de comprendre. Il regarda Séphora, puis de nouveau Dorothée. Séphora représentait l'essence même de toute la beauté et de tout l'amour auxquels il aspirait depuis toujours. Comment avait-il jamais pu se croire amoureux de Dorothée ? Comment avait-il pu passer treize mois dans son ermitage à cause de sa froideur et de sa versatilité* ? Elle était relativement jolie et possédait les charmes physiques de la jeunesse. Mais elle était stupide, totalement dépourvue d'imagination – et déjà aussi ennuyeuse, dans la fleur de son jeune âge, qu'une ménagère de cinquante ans. Ce n'était pas étonnant qu'elle n'ait pas pu le comprendre.

— Qu'est-ce qui vous amène ici ? Je ne pensais pas vous revoir jamais.

— Vous me manquez, Anselme, soupira-t-elle. Les gens m'ont dit que vous aviez quitté le monde à cause de votre amour pour moi, et que vous vous étiez fait ermite. J'ai fini par partir à votre recherche. Mais vous aviez disparu. Hier, des chasseurs m'ont dit vous avoir vu passer par la lande aux pierres druidiques, en compagnie d'une étrange femme. Et ils disaient que vous vous étiez évaporés tous les deux sous le dolmen, comme effacés dans les airs. Aujourd'hui, j'ai décidé de vous suivre avec des hommes de mon père, nous nous sommes retrouvés dans cette étrange région, dont personne n'a jamais entendu parler. Et voilà qu'à présent cette femme...

Sa phrase fut interrompue par un hurlement de fureur qui remplit la salle d'échos effroyables. Le loup noir, les babines ruisselant d'écume et de bave, fit irruption par la porte qui avait été ouverte pour faire entrer les trois visiteurs. Dorothée des Flèches poussa un cri : la bête se précipitait droit vers elle, comme l'ayant choisie pour être la première victime de sa rage démente.

Il était manifeste que quelque chose l'avait rendu fou furieux. Peut-être était-ce l'eau de la fontaine aux loups-garous qui, substituée à l'antidote, avait eu pour effet de redoubler sa lycanthropie.

Les deux domestiques, bardés d'armes comme ils l'étaient, restèrent aussi figés que des statues. Anselme tira l'épée que lui avait donnée l'enchanteresse et bondit pour s'interposer entre Dorothée et le loup. Il brandit son arme dont la lame, bien droite, était faite pour piquer. Le loup-garou enragé sauta, comme catapulté en avant, et sa gueule béante, écarlate, vint s'empaler sur la pointe de la lame. La main d'Anselme, serrée sur la poignée, en fut tout ébranlée, et la violence du choc le repoussa en arrière. Le loup s'effondra avec des soubresauts et tomba à ses pieds, les mâchoires refermées sur l'épée. La pointe de celle-ci ressortait au milieu des poils raides de son cou.

Anselme tenta vainement de retirer l'épée. Puis, les spasmes qui secouaient le corps noir et velu se calmèrent, et la lame sortit sans résistance… de la bouche relâchée de l'ancien sorcier Malachie du Marais, qui gisait sur les dalles, mort, devant Anselme. Le visage du sorcier était redevenu celui qu'Anselme avait vu dans le miroir (que Malachie lui avait ordonné de brandir devant lui).

— Vous m'avez sauvé la vie ! C'est merveilleux ! s'exclama Dorothée. Et elle s'avança vers Anselme, les bras tendus. La situation risquait de devenir fort embarrassante.

Anselme songea soudain au miroir, qu'il avait toujours sous son vêtement, avec la fiole subtilisée à Malachie du Marais. Il se demanda ce que Dorothée verrait dans les profondeurs de sa surface polie.

Vivement, il saisit le miroir et le tendit vers Dorothée qui marchait toujours vers lui. Qu'y vit-elle ? Il ne devait jamais le savoir, mais l'effet fut foudroyant. Dorothée eut un sursaut, tandis que ses yeux s'écarquillaient avec une épouvante*

manifeste. Puis, se mettant les mains sur les yeux comme pour chasser une vision abominable, elle s'enfuit en poussant des cris perçants. Les deux domestiques lui emboîtèrent le pas. La célérité* de leurs mouvements montra à l'évidence qu'ils ne regrettaient pas de quitter ce repaire de sorciers et de magiciennes.

Séphora se mit à rire, doucement. Anselme ne put s'empêcher de pouffer avec elle, et bientôt tous deux s'abandonnèrent à une bruyante hilarité*.

Au bout d'un moment, Séphora redevint grave.

— Je sais pourquoi Malachie t'a donné ce miroir, dit-elle. Ne souhaites-tu pas y voir mon reflet ?

Anselme se rendit compte qu'il avait toujours le miroir à la main. Sans répondre à Séphora, il alla vers la fenêtre la plus proche, qui donnait sur un fossé profond, bordé de buissons, qui avait fait partie d'anciennes douves, aujourd'hui à demi comblées. Il précipita le miroir allongé dans le trou.

— Ce que mes yeux me révèlent me suffit, déclara-t-il. Je n'ai pas besoin de l'aide d'un miroir. À présent, passons à d'autres activités, qui ont été interrompues beaucoup trop longtemps.

Bientôt, il serrait de nouveau dans ses bras les tendres délices de Séphora, et il pressait ses lèvres avides sur sa bouche aux douceurs de fruits.

Le plus fort de tous les enchantements les enfermait dans son cercle d'or.

Traduit de l'américain par Dominique Mols.
Publié avec l'accord de l'agence littéraire Lenclud.

Ray Bradbury

LA SORCIÈRE DU MOIS D'AVRIL

Dans le ciel, au-dessus des vallées, sous les étoiles, survolant une rivière, un pont, une route, Cecy planait. Invisible comme les brises* précoces du printemps, fraîche comme l'haleine d'un champ de trèfle à midi, elle planait. Elle s'élevait dans des colombes aussi douces que l'hermine blanche, se nichait dans les arbres, vivait dans les fleurs, s'envolait avec les pétales dans le vent. Elle se perchait sur une grenouille vert et jaune, fraîche comme la menthe à la surface scintillante de l'étang. Elle trottait avec un chien à la fourrure emmêlée de ronces, aboyait pour entendre de toutes parts répondre l'écho des fermes lointaines. Elle vivait dans les pousses d'herbe d'avril, dans l'eau qui jaillissait douce et claire de la terre couverte de mousse.

« C'est le printemps, pensait Cecy. Cette nuit il éclatera dans tout ce qui vit, à la surface de toute la terre. »

Elle habitait tantôt dans un grillon pimpant, sur une route de campagne où le soleil faisait fondre le goudron, tantôt dans une goutte de rosée posée sur un grillage en fer. Elle s'adaptait instantanément ; en cette soirée où elle venait d'avoir ses dix-sept ans, elle flottait invisible sur l'aile du vent qui soufflait sur l'Illinois.

— J'aimerais être amoureuse, dit-elle.

Elle l'avait déjà dit au souper. Ses parents avaient ouvert de grands yeux et s'étaient calés plus profondément dans leurs fauteuils. «Patience, avaient-ils répondu. Souviens-toi que tu n'es pas comme les autres. Toute notre famille est étrange, différente de celles des humains. Nous ne pouvons nous mêler aux gens ordinaires, ni les épouser. Nous perdrions nos pouvoirs magiques. Aimerais-tu perdre ce pouvoir de voyager à l'aide de la magie? Le voudrais-tu? Aussi sois prudente, sois très prudente.» Mais en haut dans sa chambre à coucher, elle avait senti ce soir tous les parfums du printemps lui monter à la tête, et comme la lune couleur de lait s'élevait sur le pays de l'Illinois, rendant les rivières crémeuses et les routes couleur de platine, elle s'était étendue tremblante et pleine d'appréhension* dans son somptueux équipage.

— Oui, soupira-t-elle. J'appartiens à une drôle de famille. Nous dormons le jour et volons la nuit dans le vent, comme des chauves-souris. Si l'envie nous en prend, nous pouvons dormir à l'intérieur d'une taupe enfouie dans la terre chaude tout le long de l'hiver. Je peux vivre enfermée dans n'importe quoi, dans tout ce qu'il me plaît de choisir: un caillou, un crocus, une mante religieuse. Je peux quitter mon corps réel et projeter mon esprit au loin vers n'importe quelle aventure. Voilà!

Le vent l'entraîna vivement par-dessus champs et prés.

Dans les chaumières et les fermes qu'elle survolait, elle voyait l'éclat chaud, printanier, des lumières luire avec des couleurs crépusculaires.

«Puisque je suis laide et étrange et qu'à cause de cela je ne peux être aimée, eh bien, je chercherai l'amour à travers quelqu'un d'autre», se dit-elle.

Dans la cour d'une ferme, dans la nuit de printemps, une brune jeune fille, paraissant dix-neuf ans à peine, tirait de l'eau d'un puits en pierre. Elle chantait.

Cecy se laissa tomber – une feuille verte – dans le puits. Elle resta posée sur la mousse tendre du puits, regardant à travers la fraîcheur de la nuit. L'instant d'après, elle était sur une amibe invisible qui naviguait par là. Puis dans une gouttelette. Enfin, dans une coupe d'eau glacée, elle se sentit porter vers les lèvres chaudes de la jeune fille. La nuit de sa bouche était douce et doux le bruit qu'y faisait l'eau. Cecy regardait par les yeux de la jeune fille, à présent.

Elle pénétra dans la tête brune et à travers les yeux brillants regarda les mains tirer la corde rugueuse. Elle écouta par les oreilles de la jeune fille la musique qui émanait de son univers. À travers ses fines narines, elle aspira les senteurs de ce monde nouveau et sentit ce cœur étranger battre, battre. Elle sentait sa langue façonner les paroles de sa chanson.

«Se doute-t-elle que je suis là?» se demanda Cecy.

La jeune fille soupira. Elle scruta* la nuit des prairies.

— Qui est là?

Il n'y eut pas de réponse.

— Rien que le vent, chuchota Cecy.

— Rien que le vent.

La jeune fille rit légèrement mais frissonna.

Elle avait un beau corps de jeune fille. Une fine ossature d'ivoire dans des chairs fermes et arrondies. Son esprit était comme une rose tendre cachée dans l'obscurité, et sa bouche sentait le cidre frais. Les lèvres étaient pleines, les dents éclatantes de blancheur, les sourcils bien dessinés au-dessus du regard pur et les cheveux coulaient doux et fins sur son cou laiteux. Les pores de sa peau étaient petits et serrés, le nez un peu en l'air et les joues avaient un teint de roses vermeilles. Le corps dansait légèrement à chaque mouvement et semblait créer sa propre mélodie. Être enfermé dans ce corps c'était comme si l'on se réchauffait au coin de l'âtre*, comme si l'on vivait dans le ronronnement d'un chat endormi, comme si l'on était plongé dans l'eau chaude des criques qui, la nuit venue, retourne à la mer.

«Je me plais là-dedans», se dit Cecy.

— Comment? demanda la jeune fille comme si elle avait entendu une voix.

— Comment t'appelles-tu? demanda Cecy doucement.

— Ann Leary. (La jeune fille sursauta.) Voilà que je me mets à parler toute seule.

— Ann, Ann, chuchota Cecy. Ann, tu vas tomber amoureuse.

Comme en réponse un grand vacarme éclata sur la route, un grincement d'essieux et le bruit de roues sur le gravier. Un homme de grande taille, debout dans une charrette, tenant haut les rênes avec des bras monstrueux de force, souriait de toutes ses dents à l'autre bout de la cour.

— Ann!

— C'est toi, Tom?

— Qui veux-tu que ce soit?

Sautant de son attelage, il noua les rênes à la palissade.

— Je ne parle pas avec toi!

Ann se détourna, et le seau au bout de son bras oscilla.

— Non! s'écria Cecy.

Ann frissonna. Elle regarda les collines et les premières étoiles du printemps. Elle regarda le nommé Tom. Cecy lui fit lâcher le seau.

— Voilà ce que tu as fait!

Tom accourut.

— Et voilà ce que tu me fais faire!

Il lui essuyait ses chaussures avec son foulard, en riant.

La Sorcière du mois d'avril ◆ **63**

— Va-t'en !

Elle donnait des coups de pied pour éloigner ses mains, mais il riait toujours, et le regardant de là-haut, à des kilomètres de distance, Cecy considérait la forme de sa tête, son tour de crâne, l'évasement des narines, l'éclat de ses yeux, la largeur de ses épaules, et la force contenue de ses mains accomplissant ces gestes délicats avec son mouchoir. Tout en regardant du haut de cette jolie tête, Cecy pinça une corde cachée de ventriloque* et la jolie petite bouche laissa échapper :

— Merci !

— Aha, nous connaissons quand même quelques bons usages ?

L'odeur de cuir sur ses mains, celle du cheval sur ses habits, montèrent jusqu'aux fines narines d'Ann, et Cecy au loin, bien loin par-dessus les prairies nocturnes et les champs de fleurs, s'agita dans son lit comme en proie à un rêve.

— Non, pas pour toi en tout cas ! dit Ann.

— Chut, parle gentiment, souffla Cecy.

Elle fit avancer la main d'Ann vers la tête de Tom. Ann la retira vite.

— Je deviens folle !

— Je le croirais volontiers ! approuva-t-il en souriant, troublé. Avais-tu envie de me caresser la tête, par hasard ?

— Je ne sais plus. Oh, va-t'en.

Ses joues brûlaient comme des braises.

— Pourquoi ne t'enfuis-tu pas ? Je ne te retiens pas.

Tom se releva. As-tu changé d'avis ? Veux-tu venir danser avec moi ce soir ? Cela vaut la peine. Je te dirai après pourquoi.

— Non, dit Ann.

— Oui ! cria Cecy. Je n'ai jamais dansé. J'ai envie de danser. Je n'ai jamais mis une robe de soie longue, bruissante à chaque pas. J'ai envie. J'ai envie de danser toute une nuit. Je n'ai jamais su ce que pouvait ressentir une femme qui danse ; père et mère ne me l'ont jamais permis. J'ai connu tout ce que ressentent les chiens, les chats, les sauterelles, les feuilles d'arbres, n'importe quoi dans le monde, à un moment ou à un autre, mais jamais ce à quoi pense une femme le printemps venu et par une nuit pareille. Oh, je te prie, allons danser !

Elle insinuait ses pensées, comme on fait pénétrer les doigts petit à petit dans une paire de gants neuve.

— Oui, dit Ann Leary. Oui, j'irai. Je ne sais pas pourquoi, mais j'irai danser avec toi ce soir, Tom.

— Maintenant rentrons vite ! s'écria Cecy. Tu dois te laver, le dire à tes parents, préparer ta robe, la repasser dans ta chambre !

— Mère, dit Ann, j'ai changé d'avis !

La charrette s'en retournait au grand galop, les pièces de la ferme renaissaient à la vie, l'eau pour le bain bouillonnait, le fer à repasser chauffait sur le poêle, la mère s'affairait, des épingles à cheveux entre les lèvres.

— Que t'arrive-t-il, Ann ? Tu n'aimes pas Tom !

— C'est vrai pourtant.

Ann, au milieu de toute cette fièvre, s'arrêta pensive.

« Mais c'est le printemps », pensait Cecy.

— C'est le printemps, dit Ann.

« Et c'est une nuit merveilleuse pour danser », pensait Cecy.

— … pour danser, murmura Ann Leary.

À présent, elle était dans son bain et le savon moussait sur la peau blanche et immaculée de ses épaules, descendait sur ses bras, ses seins chauds se moulaient dans ses mains et Cecy remuait ses lèvres, souriait, entretenait l'enthousiasme. Il ne devait pas y avoir un moment d'arrêt, d'hésitation, ou bien toute cette peine qu'elle s'était donnée tomberait en poussière ! Ann Leary devait être tenue dans un état perpétuel d'excitation, d'agitation, laver une épaule, passer du savon sur un bras, à présent sortir du bain, se frotter avec une serviette ! Puis le parfum, la poudre !

— Toi ! dit Ann à son reflet dans le miroir, tout blancheur et rose, bouquet de lilas et d'œillets. Toi, je ne te reconnais pas, ce soir !

— Je suis une jeune fille de dix-sept ans.

Cecy regardait à travers ses yeux couleur de violette.

— Tu ne peux pas me voir. Soupçonnes-tu au moins que je suis là ?

Ann Leary secoua la tête.

J'ai prêté mon corps à une sorcière du mois d'avril, ma parole.

— Tu brûles, tu brûles ! dit Cecy en riant. Et maintenant il est temps de t'habiller.

Quelle joie de sentir de beaux vêtements prendre vie sur un corps épanoui ! Et puis d'entendre le « holà » dehors.

— Ann, Tom est de retour !

— Dis-lui d'attendre. (Ann soudainement s'assit.) Dis-lui que je ne veux pas aller danser.

— Quoi ? dit sa mère, sur le pas de porte.

Cecy retourna vite à son poste. Elle avait eu un moment d'inattention fatal ; pour un instant elle avait quitté le corps d'Ann. Elle avait entendu le trot lointain des chevaux, la course de la charrette à travers le pays éclairé par le clair de lune printanier. Elle avait été tentée une seconde, elle s'était dit, j'irai faire un tour dans la tête de Tom, voir à quoi cela ressemble d'être dans l'esprit d'un homme de vingt-deux ans par une nuit pareille. Et elle avait bondi par-dessus les champs encore chauds, mais à présent, elle était rentrée comme un oiseau dans sa cage, et s'affolait dans la tête d'Ann.

— Ann !
— Dis-lui de s'en aller !
— Ann !

Cecy s'affermit dans la place et tâcha de maîtriser ses pensées.

Mais Ann était enragée à présent. «Non, non, je le déteste !»

«Je n'aurais pas dû m'éloigner – même pour un moment.» Cecy s'insinua dans les mains de la jeune fille, dans son cœur, dans sa tête, lentement, lentement. «Lève-toi», pensa-telle.

Ann se leva.

«Mets ton manteau !»

Ann mit son manteau.

«Avance à présent !»

«Non !» pensa Ann Leary.

«Avance !»

— Ann, dit la mère, ne fais plus attendre Tom. Il faut aller à présent, cela n'a pas de sens. Qu'est-ce qui t'arrive ?

— Rien, mère. Bonne nuit. Je rentrerai tard.

Ann et Cecy s'élancèrent ensemble dans la nuit de printemps.

Une salle pleine de pigeons dansant doucement, ébouriffant leurs plumes lisses et longues, une salle pleine de paons, une salle qu'illuminaient des yeux et des lumières de toutes les couleurs. Et au beau milieu, tournant, tournant, tournant, Ann Leary dansait.

— Oh, quelle belle soirée, dit Cecy.
— Oh, quelle belle soirée, dit Ann.

— Tu es étrange, dit Tom.

La musique les faisait tournoyer comme dans un rêve, dans des rivières de chansons; ils flottaient, ils plongeaient, ils s'enfonçaient et remontaient respirer; ils haletaient, se cramponnaient l'un à l'autre comme des gens ivres, et tournaient encore avec des mouvements d'éventail, chuchotant, soupirant sur le rythme du *Beautiful Ohio*.

Cecy fredonnait. Les lèvres d'Ann s'entrouvrirent et la musique s'en échappa.

— Oui, je suis étrange, dit Cecy.

— Tu n'es pas la même, dit Tom.

— Non, pas ce soir.

— Tu n'es pas cette Ann Leary que je connaissais.

— Non, certainement pas, certainement pas, chuchota Cecy de loin, de très loin. «Non, certainement pas», prononcèrent les lèvres d'Ann.

— J'ai une drôle d'impression, dit Tom.

— À propos de quoi?

— À ton égard.

Il la tint éloignée tout en dansant et regarda son visage empourpré, cherchant quelque chose.

— Tes yeux, dit-il. Je ne saurais dire.

— Me vois-tu? demanda Cecy.

— Tu es là, Ann, et tu es absente.

Il la fit pivoter, mal à l'aise.

— Oui.

— Pourquoi m'as-tu accompagné?

— Je ne voulais pas venir, dit Ann.

Alors pourquoi es tu venue?

— Quelque chose m'y a poussé.

— Quoi?

— Je ne sais pas quoi.

La voix d'Ann sonnait légèrement hystérique*.

— Chut, à présent, chut, chuchota Cecy. Chut, ne dis plus rien. Tourne, tourne.

Ils soupiraient et frémissaient, s'élevaient et retombaient, tournaient, entraînés par la musique.

— Mais tu es tout de même venue danser, dit Tom.

— Je suis venue, dit Cecy.

— Là.

Il la fit glisser doucement vers la porte ouverte, tout en dansant, l'entraîna dehors loin de la musique, des gens.

Ils montèrent dans la charrette, s'assirent.

— Ann, dit-il, lui prenant les mains dans les siennes, en tremblant. Ann.

Mais la façon dont il prononçait son nom était, lui semblait-il, nouvelle. Il scrutait son visage pâle, les yeux ouverts à nouveau.

— Tu sais que je t'ai aimée longtemps, tu le sais, dit-il.

— Je sais.

— Mais tu étais si changeante et je ne voulais pas que tu me fasses souffrir.

— Tu as bien fait, nous sommes très jeunes, dit Ann.

— Non, ce n'est pas ce que je voulais dire, excuse-moi, dit Cecy.

— Que voulais-tu dire alors ?

Tom laissa tomber ses mains et se raidit.

La nuit était chaude et l'odeur de la terre montait, les enveloppait, et les feuilles tendres des arbres se frottaient l'une à l'autre dans un bruissement à peine perceptible.

— Je ne sais pas, dit Ann.

— Oh, mais je le sais très bien, dit Cecy. Tu es grand et tu es le plus beau garçon de la terre. C'est une merveilleuse soirée, une soirée dont je me souviendrai toujours et aussi que je l'ai passée avec toi.

Elle poussa vers lui cette main froide, étrangère, lui fit saisir la main qu'il avait retirée et la tint serrée, chaude entre celles d'Ann.

— Mais, dit Tom, ce soir tu es ici, puis là. Jamais pareille à ce que tu étais le moment précédent. J'ai voulu t'emmener danser ce soir en souvenir des jours passés. Je ne pensais à rien d'autre lorsque je te l'ai demandé. Et tout à coup, pendant que tu restais debout près de ce puits, j'ai senti quelque chose de changé, quelque chose de changé en toi. Tu étais différente. Il y avait en toi quelque chose de nouveau, de plus doux, quelque chose… (Il cherchait le mot juste.) Je ne sais pas, je suis incapable de l'exprimer. La façon dont tu me regardais. Quelque chose dans ta voix. Et je sens qu'à nouveau je t'aime.

— Non, dit Cecy. Pas elle, moi !

— Et j'ai peur de t'aimer, dit-il, j'ai peur que tu ne me fasses à nouveau souffrir.

— C'est possible, dit Ann.

« Non, non, je t'aime de tout mon cœur ! pensa Cecy. Ann, dis-le-lui, dis-le-lui pour moi. Dis-lui que tu l'aimes de tout ton cœur. »

Ann se tut.

Tom s'approcha doucement, la serra d'un peu plus près, prit son menton entre ses doigts.

— Je m'en vais. J'ai trouvé du travail à deux cents kilomètres d'ici. Est-ce que je te manquerai ?

— Oui, dirent en même temps Ann et Cecy.

— Puis-je t'embrasser avant de partir ?

— Oui, dit Cecy avant que qui que ce soit d'autre puisse répondre.

Il posa ses lèvres sur cette étrange bouche. Il l'embrassa et il tremblait.

Ann était immobile et blanche comme une statue.

— Ann, dit Cecy, serre-le dans tes bras.

Dans le clair de lune, elle paraissait une poupée de bois sculpté.

Il baisa à nouveau ses lèvres.

— Je t'aime, murmura Cecy. Je suis là, c'est moi que tu vois dans ses yeux, c'est moi, et je t'aime même si elle, elle ne t'aime pas.

Il s'éloigna d'elle et ressembla tout à coup à un coureur à bout de souffle. À nouveau, il s'assit près d'elle.

— Je ne sais pas ce qui s'est passé. Pendant un moment j'ai cru…

— Tu as cru?… demanda Cecy.

— J'ai cru pendant un moment… (Il mit la main devant ses yeux.) C'est sans importance. Dois-je te ramener à la maison, maintenant?

— Oui, s'il te plaît, dit Ann Leary.

D'un claquement de langue, il réveilla le cheval, secoua les rênes d'un geste fatigué et ils partirent. La charrette roulait, sous la lune, ses essieux grinçaient et l'on entendait de temps à autre le sifflement d'un coup de fouet; les prairies baignées de lumière, les doux champs de trèfle glissaient tout autour, dans la nuit de printemps. Il était à peine onze heures.

Et Cecy, regardant les champs, pensait qu'être auprès de lui par une nuit pareille n'avait pas de prix, que cela valait n'importe quel sacrifice. Et la voix de ses parents résonnait à ses oreilles, à peine perceptible: «Prends garde. Tu ne voudrais quand même pas perdre ton pouvoir magique, voudrais-tu te marier à un simple mortel? Prends garde. Tu ne peux pas désirer ça.»

«Si, si, pensait Cecy, je ferais même ça, et tout de suite, ici, s'il voulait de moi. Je n'aurais plus aucune envie alors d'errer par les nuits de printemps, je n'aurais plus aucune envie de vivre dans le corps des oiseaux, des chiens, des chats et des renards. Je n'aurais plus envie que d'être avec lui. Avec lui seulement, avec lui, seuls.»

La route, qui dans un chuchotement emporta ses paroles, s'engageait à présent sous les arbres bruissants.

— Tom, finit par dire Ann.

— Quoi?

Il regardait avec affectation la route, le cheval, les arbres, le ciel, les étoiles.

— Si jamais tu passes – au cours des années prochaines, n'importe quand – par Green Town, dans l'Illinois, c'est à quelques kilomètres seulement d'ici, veux-tu me faire un plaisir?

— Peut-être.

— Veux-tu aller voir une de mes amies?

Ann parlait lentement, embarrassée.

— Pourquoi?

— C'est une de mes meilleures amies. Je lui ai parlé de toi. Je vais te donner l'adresse.

Lorsque la charrette s'arrêta devant la ferme, elle sortit un crayon et un bout de papier de son petit sac et écrivit sur ses genoux, à la lumière de la lune:

— Voilà. Peux-tu lire?

Il regarda le papier et acquiesça étonné.

— *Cecy Elliot, 12, Willow Street, Green Town, Illinois*, lut-il.

— Veux-tu aller la voir un jour? demanda Ann.

— J'irai.

— Promets-moi.

— Qu'est-ce que cela a à voir avec nous deux ? s'écria-t-il furieux, qu'ai-je à faire avec des adresses, des noms ?

Il froissa en boule le bout de papier et l'enfonça dans sa poche.

— Promets, je t'en prie, implora Cecy.

— … promets… prononça Ann.

— Ça va, c'est promis. Laisse-moi partir maintenant !

« Je suis fatiguée, pensa Cecy. Je ne peux plus tenir debout, je dois rentrer. Je n'ai plus de forces. Je ne peux tenir comme ça que quelques heures, à voyager, voyager… Mais avant de m'en aller… »

— … avant de m'en aller…, dit Ann.

Elle embrassa Tom sur la bouche.

— C'est moi qui t'embrasse, dit Cecy.

Tom la retint un moment à bout de bras et la regarda profondément, avec attention. Il ne dit rien mais son visage se détendit lentement, très lentement, les rides de son front s'effacèrent, l'expression dure de sa bouche s'adoucit et il regarda à nouveau le visage levé vers lui, éclairé par la lune.

Puis il remit la charrette en marche et, sans même dire bonsoir, il s'éloigna, descendant rapidement la côte.

Cecy s'en alla à son tour.

Ann Leary libérée de son esclavage, pleurant, soulagée, traversa, en courant à toutes jambes, la cour éclairée comme en plein jour, pénétra dans la maison, claqua la porte.

Cecy s'attarda encore un peu. Par les yeux d'un grillon, elle regarda la nuit de printemps. Elle s'arrêta un moment dans les yeux d'une grenouille sur l'étang. Par ceux d'un oiseau perché sur un grand platane hanté par la lune, elle regarda les lumières s'éteindre dans deux fermes, une là, une autre à un kilomètre plus loin. Elle pensa à elle-même, à sa famille et à ses pouvoirs étranges, au fait que personne des siens ne pourra jamais épouser qui que ce soit dans ce vaste univers s'étendant par-delà les collines.

« Tom ? » Son esprit sur le point de s'assoupir s'envola dans un oiseau de nuit sous les arbres, par-dessus des grands champs de moutarde sauvage. « As-tu encore le bout de papier, Tom ? Viendras-tu me voir un jour ? Me regarderas-tu dans les yeux, te rappelleras-tu m'avoir déjà vue et où ? Et sauras-tu que tu m'aimes autant que je t'aime, de tout mon cœur et pour toujours ? »

Elle s'arrêta dans l'air froid de la nuit. Elle était à présent à un million de kilomètres au-dessus des cités, des gens, des fermes, des continents, des rivières et des collines.

— Tom ? murmura-t-elle doucement.

Tom dormait. Il faisait nuit noire ; ses vêtements étaient accrochés à une chaise ou pliés soigneusement au pied de son lit. Et dans une de ses mains, posée tranquillement sur l'oreiller blanc, près de sa tête, il y avait un petit bout de papier griffonné. Lentement, lentement, millimètre par millimètre, ses doigts se fermèrent sur le papier et il le tint serré dans sa main. Il ne bougea même pas ni se s'éveilla lorsqu'un oiseau noir, doucement, avec un mouvement d'ailes d'une lenteur prodigieuse, s'arrêta contre les vitres qui semblaient de cristal dans la lune, puis s'envola vers l'est, par-dessus la terre endormie.

Traduit de l'américain par Richard NEGROU.
In *Les Pommes d'or du soleil* © Denoël.

Achim Von Arnim

UNE MANDRAGORE

Bella était arrivée sur la hauteur, elle voyait la riche cité toute brillante de lumières. Une maison resplendissait plus que les autres ; elle pensa que ce devait être la demeure du prince ; la vieille la lui avait décrite ainsi, et elle savait que c'était aujourd'hui l'anniversaire de sa naissance. Elle aurait tout oublié à cet aspect, même les pendus desséchés qui se balançaient au-dessus de sa tête, en se heurtant l'épaule comme pour se demander quelque chose, si le chien ne s'était pas mis de lui-même à gratter au pied de la potence. Elle chercha ce qu'il avait découvert et elle se sentit dans les mains une figure humaine ; une petite figure humaine qui avait encore les deux jambes enracinées dans la terre ; c'était elle, c'était la bienheureuse mandragore, l'enfant de la potence ; elle l'avait trouvée sans peine ; elle attacha une extrémité de la tresse à la racine ; elle enroula l'autre bout au cou du chien noir, et, pleine d'anxiété, elle se mit à courir malgré les cris de la racine. Mais elle avait oublié de se boucher les oreilles ; elle courut aussi vite qu'elle put et le chien la suivant arracha la racine de terre. Aussitôt un effroyable coup de tonnerre les renversa tous deux ; par bonheur, elle avait couru très vite, et se trouvait déjà éloignée d'environ cinquante pas.

Cette circonstance l'avait sauvée ; cependant elle resta longtemps évanouie. L'endroit où elle se trouvait lui était inconnu. Elle se leva avec peine, et les premières lueurs du jour lui permirent de voir Simson étendu mort à ses pieds ; elle le reconnut et se rappela tout successivement : au bout de la tresse qu'elle détacha du chien, elle trouva un être de forme humaine semblable à une ébauche animée, mais que n'a pas encore vivifié la pensée ; quelque chose comme une larve de papillon. C'était la mandragore, et, chose étonnante, Bella avait entièrement oublié le prince, l'unique cause qui l'avait poussée à chercher la mandragore, tandis qu'elle aimait le petit homme avec une tendresse qu'elle n'avait encore ressentie que la nuit où elle avait vu Charles pour la première fois.

Une mère qui croit avoir perdu son enfant dans un tremblement de terre ne le revoit pas avec plus de joie et de tendresse que Bella, lorsqu'elle porta la mandragore sur son cœur, en lui ôtant la terre qui couvrait encore ce petit être, et en le débarrassant des pousses qui le gênaient. Du reste, il paraissait ne rien sentir ; son haleine sortait irrégulièrement par une ouverture imperceptible* qu'il avait à la tête ; lorsque Bella l'avait bercé quelque temps dans ses bras, il portait ses mains à sa poitrine pour indiquer que le mouvement lui plaisait ; et il ne cessait de remuer bras et jambes qu'elle ne l'eût endormi en recommençant ce mouvement.

Après cela, elle rentra avec lui à la maison. Elle ne fit pas attention aux aboiements des chiens, ni aux marchands disséminés sur la route, qui se rendaient vers la ville pour être les premiers à l'ouverture des portes ; elle ne voyait que le petit monstre qu'elle avait soigneusement enveloppé dans son tablier. Elle arriva enfin dans sa chambre, alluma sa lampe et examina le petit être ; elle regrettait qu'il n'eût pas de bouche pour recevoir ses baisers, pas de nez pour donner un passage régulier à son haleine divine, pas d'yeux qui laissassent voir dans son âme, pas de cheveux pour garantir le frêle siège de ses pensées. Mais cela ne diminuait en rien son amour. Elle prit son livre d'enchantements et chercha le moyen à employer pour développer les forces et compléter la formation de cette carotte garnie de membres et douée de vie ; elle le trouva bientôt.

Il fallait d'abord laver la mandragore ; elle le fit ; puis lui semer du millet sur la tête, et une fois ce millet poussé et transformé en cheveux, les autres membres se délieraient eux-mêmes ; elle devait ensuite à la place de chaque œil placer une baie de genièvre, à la place de la bouche le fruit de l'églantier.

Par bonheur elle pouvait se procurer tout cela ; la vieille lui avait apporté récemment quelques grains de millet qu'elle avait volés ; le genièvre, son père s'en servait pour parfumer sa chambre : comme elle ne pouvait souffrir cette odeur, il lui en restait une poignée qu'elle n'avait jamais touchée. Il y avait dans le jardin un églantier encore couvert de fruits rouges, dernière parure de l'année expirante. Tout était prêt ; elle mit d'abord le fruit de l'églantier à la place indiquée, mais elle ne s'aperçut pas qu'en y déposant un baiser, elle l'avait fait entrer de travers ; puis elle lui planta les deux baies de genièvre. Elle trouva que cela lui seyait si bien, qu'elle lui en aurait volontiers mis une douzaine, si elle eût trouvé la place ; elle pensait bien à lui en mettre par-derrière, mais elle craignait qu'ils ne fussent pas suffisamment garantis ; cependant elle finit par lui en placer une paire à la nuque, et nous devons avouer que cette disposition n'est pas tout à fait à dédaigner pour son originalité. Elle était en même temps joyeuse et triste d'avoir ainsi créé un être qui devait lui donner tant de tourments, comme tous les hommes en donnent à leur créateur ; d'un autre côté, en regardant son petit monstre informe, elle était contente comme un jeune artiste à qui tout réussit au-delà de ses espérances.

Elle le coucha dans un petit berceau trouvé dans la maison, l'enveloppa bien dans les couvertures, et l'enferma soigneusement pour le cacher à la vieille Braka ; c'était son premier secret.

Braka arriva le surlendemain, en s'annonçant par le miaulement convenu ; elle vit bien qu'il était arrivé quelque chose d'extraordinaire à Bella ; aussi se mit-elle à l'interroger finement sur tous les points.

— Dieu soit loué, dit-elle lorsqu'elle eut remarqué l'absence du chien noir, le chien n'y est plus ; je l'aurais bien tué depuis longtemps, le mâtin*, si je l'avais osé ; mais il nous avait été laissé par ton père, c'est à cause de cela que je me suis retenue ; cependant, un jour je l'avais enfermé dans un sac pour le noyer, mais au moment où je soulevais le sac pour le jeter à l'eau, il me mordit si fort la main que je lâchai l'enveloppe et le chien avec ; mais, dis-moi, comment as-tu donc fait, comment cela est-il arrivé ?

Bella, qui épluchait des pommes pour se donner une contenance, lui raconta, avec de grands détails, qu'elle était sortie la nuit dans le jardin, qu'un chien furieux était accouru vers elle, que Simson avait sauté sur l'ennemi, et que tous s'étaient battus et déchirés, jusqu'à ce que le chien étranger eût pris la fuite ; alors Simson, tout moulu et tout sanglant, s'était mis à sa poursuite ; depuis ce temps elle ne l'avait pas revu, peut-être parce qu'il s'était senti enragé et qu'il n'avait pas voulu blesser sa maîtresse.

Bella avait raconté cette histoire d'une manière si vraisemblable, bien que ce fût son premier mensonge, que Braka fut satisfaite, et se mit à regretter le pauvre chien, à louer sa fidélité et à se féliciter qu'elle eût échappé à un si grand danger.

Maintenant Bella avait le courage de raconter à la vieille tout ce qui lui passerait par la tête ; quant à son petit homme-racine, elle attendait avec impatience le départ de la vieille, car elle craignait de ne plus retrouver son enfant en vie.

La vieille, après avoir mangé la soupe à l'oignon qu'elle s'était fait cuire, se décida à partir. Bella ferma aussitôt la porte derrière elle, et courut à son cher berceau, elle le découvrit en tremblant, et vit le millet qui germait déjà sur la tête du petit homme-racine, les baies de genièvre s'animaient aussi ; c'était, dans le petit être, un mouvement semblable à ce qui se produit dans la campagne au printemps, lorsque après les pluies paraissent les premières lueurs de soleil ; rien ne pousse encore, mais la terre s'agite en tous sens ; et de même que les rayons du soleil font tout sortir, tout germer, de même, par un baiser, Bella réveilla les forces de cette mystérieuse nature. Comme elle était extrêmement fatiguée, elle se coucha, mais tout près du berceau sur lequel elle étendit une main, dans la crainte qu'on ne lui dérobât son trésor.

Que dirons-nous de l'attachement extraordinaire qu'elle manifestait pour cette ébauche humaine, elle qui avait éprouvé le même amour pour le beau prince ; c'était chez elle ce sentiment sacré qui nous attache à tout ce que nous créons, et qui nous rappelle cette parole de l'Écriture : « Dieu a tant aimé le monde, qu'il a envoyé son Fils unique pour le sauver. Ô monde, fais-toi donc encore plus beau pour te rendre digne d'une telle grâce ! »

Bella avait entièrement oublié qu'elle n'était allée chercher le petit homme merveilleux que pour en tirer le moyen d'approcher du prince aimé d'elle ; maintenant cet enfant surnaturel, découvert au prix des plus grands dangers, occupait toutes ses pensées.

Dans son sommeil, elle vit le prince qu'elle avait presque oublié ; c'était dans un tournoi où l'on s'exerçait à lancer la flèche ; ses adversaires le défiaient et le provoquaient par la vigueur et l'adresse de leur tir, par l'habileté avec laquelle ils menaient leurs chevaux ; mais le prince les surpassait tous. Ses flèches allaient au ciel se planter dans les étoiles, et les faisaient tomber sur sa poitrine où elles venaient former une brillante parure.

La plupart de ces étoiles s'éteignaient après quelques minutes. Mais il y en avait une qui étincelait au milieu de sa poitrine, et qui s'y enfonçait, s'y enfonçait toujours, et Bella ne pouvait en détacher les yeux. Là-dessus, elle se réveilla. Ne se souvenant plus à qui elle s'était si vivement intéressée, elle supposa que le petit homme-racine était le héros de son rêve. Elle lui dit bonjour en s'éveillant, et le monstre lui répondit par un gémissement, comme un nouveau-né, en la regardant avec de petits yeux noirs et tout ronds, qui semblaient vouloir lui sortir de la tête. Son visage jaune et ridé réunissait l'expression de différents âges de la vie, et le millet avait déjà poussé sur sa tête en touffes hérissées ; il en était de même sur les parties de son corps où il était tombé quelques graines. Bella pensa qu'il demandait à manger, et elle était très embarrassée de savoir ce qu'elle lui donnerait : comment se procurer du lait ? Après quelque temps de réflexion, elle se souvint d'une chatte qui avait mis bas dans le grenier : ravie de cette trouvaille, elle alla chercher les chatons et les plaça dans le berceau avec le petit homme-racine qui la regardait déjà d'un air malin ; la chatte vint bientôt rejoindre sa progéniture ; mais il arriva que les infortunés aveugles furent trompés par leur nouveau camarade qui, voyant clair de tous côtés, épuisait avant eux la provision de la mère, sans que celle-ci y fît attention.

Bella, à genoux auprès du berceau, regardait pendant des heures cette ruse de son petit homme. En le voyant tromper ainsi les autres, elle lui trouvait une grande supériorité et, en remarquant comme il savait éviter leurs griffes, elle admirait sa prévoyance et sa prudence. Mais ce qui lui plaisait le plus dans cet être, c'étaient les yeux qu'il avait à la nuque. Il la comprenait déjà lorsqu'elle lui faisait signe du regard, qu'un des petits chats était tombé de sa place, car aussitôt il s'y mettait jusqu'à ce que l'autre fût revenu.

Leur affection s'accrut si vite, qu'elle s'affligeait à chaque goutte de lait que les nouveau-nés enlevaient à l'étranger, et qu'après avoir longtemps hésité, elle résolut d'enlever tout doucement un des petits, et alla le porter sur le gazon au bord du ruisseau. Après l'exécution, elle s'enfuit aussitôt pour qu'il ne la suivît pas; mais à peine avait-elle fait quelques pas, qu'elle entendit un bruit dans l'eau et, en se retournant, elle vit le petit chat emporté par le courant; cela lui fit de la peine; ce corps porté sur l'eau lui rappelait son père innocent qui avait pris le même chemin, et elle fit involontairement un mouvement pour se jeter à la rivière; mais elle s'arrêta au bord. Elle comprit qu'elle venait de faire quelque chose de mal: le ciel s'obscurcissait sur sa tête, la terre refroidissait sous ses pieds, autour d'elle l'air s'agitait; elle rentra précipitamment et se mit à pleurer. Lorsque le petit homme s'en aperçut, au moyen de ses yeux de derrière, il se prit à rire si fort, que la chatte effrayée sauta du berceau, en emportant un de ses petits entre ses dents. L'homme-racine était maintenant assez éveillé et assez fort pour être sevré; seulement, avec des manières d'enfant, il avait l'air d'un petit vieux ridé.

Voyant que la mauvaise action que venait de commettre Bella l'avait irritée contre lui, il s'approcha d'elle si près qu'elle ne pouvait pas le battre, et que ce qu'elle avait de mieux à faire, c'était de l'embrasser.

Après cette victoire, il se mit à ramasser les racines qui jonchaient la chambre et qui avaient été jetées là, non pas par le duc Michel, mais par la vieille Braka qui, dans son ignorance, les avait abandonnées parce qu'elles ne pouvaient lui servir. Le petit tomba par hasard sur une racine de *force-porte*; aussitôt il se mit à sauter de la manière la plus risible* sur la table et sur les chaises, tête en haut, tête en bas, tandis que Bella, effrayée et craignant pour ses yeux postérieurs, courait après lui comme une poule après son poussin, sans pouvoir le rattraper.

Il sut bientôt fouiller dans tous les coins et chercher ce dont il avait besoin ; il trouva d'abord la racine d'éloquence* que les verts perroquets ramassent sur les hautes cimes du Chimborazo, et viennent dans la plaine échanger avec les serpents contre les pommes de l'arbre défendu ; arracher cette racine aux serpents, le diable seul le peut ; l'obtenir de ce dernier est fort difficile et plus d'un y a consumé vainement sa vie.

Aussitôt qu'il eut mangé cette racine, assez dégoûtante du reste, il sauta sur le poêle. Comme l'oiseau dont les ailes coupées ont repoussé peu à peu et qui, un beau jour, au grand étonnement de son maître, s'envole et, se plaçant sur l'arbre le plus voisin, au lieu de chanter la musique que lui a appris la nature, se met à siffler, comme par raillerie*, l'air qu'on lui a seriné, les premières paroles du petit furent pour répéter celles de sa maîtresse : «Sois gentil, sois sage, reste tranquille.» Il ne cessait de les redire, et Bella l'aurait volontiers battu, mais il savait toujours se placer hors de son atteinte. Enfin, pour épuiser sa patience, il saisit une paire de lunettes rouillées et se mit à raconter, de la manière la plus extravagante, les malices qu'il voulait faire à tout le monde pour se divertir.

Bella fut très affligée de le voir mettre des lunettes ; en effet, qu'y a-t-il de plus familier, de plus intime chez l'homme que les yeux ? Aussi est-ce un bien grand malheur quand la faiblesse de la nature nous oblige à interposer ces morceaux de verre entre nous et ceux que nous aimons. Bella se trouvait donc très inquiète de la conduite de son petit bien-aimé, lui qu'elle aurait volontiers divinisé dans le premier enthousiasme de sa création. Elle vit bien que le seul moyen de maîtriser la mandragore serait d'en parler à Braka. Elle y réfléchissait profondément, lorsque le petit homme lui cria du haut de la corniche où il était perché :

— Écoute, Bella, je t'ai bien regardée avec mes yeux de derrière, et je te soupçonne de ne plus m'aimer comme au commencement ; si j'en étais sûr, ce serait fait de toi !

Bella fut très effrayée, comme une coupable convaincue de son crime ; cette propriété de tout savoir, que possédait le petit homme, grâce à ses yeux de derrière, l'affermit dans sa résolution de se débarrasser de ce terrible diablotin.

— Je te soupçonne, cria le petit, je te soupçonne de méditer quelque chose de mal contre moi ; mais je veux que, dans un instant, tu m'aimes autant que tout à l'heure.

À ces mots, il descendit, se plaça sur son sein, et l'embrassa avec tant de feu, qu'il lui écorcha presque la peau avec sa barbe de millet ; malgré cela, Bella sentit dans son âme un mouvement extraordinaire. Elle ne le comprenait pas, et ne cherchait pas à se l'expliquer ; mais dans ce mouvement le petit lui était devenu plus cher que jamais.

Au bout de huit jours, l'enfant avait accompli sa croissance ; il était haut d'environ trois pieds et demi. Braka avait déjà soupçonné son existence ; lui, de son côté, n'ayant pas envie de se voir enfermer toutes les fois qu'elle viendrait, résolut de se montrer à Braka. Il découvrit une vieille robe brodée d'argent qui avait appartenu à la mère de Bella, et que celle-ci lui ajusta du mieux qu'elle put ; puis, un soir, il s'assit dans un coin et fit semblant de lire lorsque la vieille entra.

Bella lui dit que c'était sa cousine, une très riche demoiselle qui allait vivre avec elle, et qui avait l'intention de faire un cadeau à Braka. La vieille se mit en devoir de faire un compliment et prit la main de la cousine pour la baiser, mais en sentant une main rude et âpre comme une racine, elle hésita à y appuyer ses lèvres ; cela humilia le petit homme, qui lui lança un violent soufflet. La vieille, furieuse, se mit à vomir contre lui, les poings sur les hanches, les plus violentes injures ; si bien que Bella ne put l'apaiser qu'en lui faisant craindre d'éveiller l'attention des voisins et de faire découvrir leur retraite.

Cependant le petit homme ne s'était pas intimidé des injures de la vieille ; il se mit à sauter autour d'elle et à la poursuivre en lui donnant des coups de pied ; mais en faisant tous ces mouvements son voile tomba, et la vieille, l'ayant reconnu, pour ce qu'il était, vint lui faire des excuses en tremblant. Lorsqu'il lui eut donné la paix, elle s'assit, toute brisée, sur une chaise.

— Ah ! Bella, dit-elle, que tu es heureuse d'avoir un petit homme comme cela, qui peut découvrir et déterrer tous les trésors ! Mon beau-frère en avait un qu'il appelait Cornélius Népos.

— Moi aussi je veux m'appeler ainsi, dit le petit ; et qu'est-il devenu ?

— Mon beau-frère fut tué d'un coup d'épée ; on trouva le petit homme dans sa poche, et on le donna à des enfants, qui l'allèrent porter à un cochon ; celui-ci le mangea et en creva.

Le nouveau sire de Cornélius fut très fâché de cela, et il supplia instamment qu'on ne le donnât pas aux cochons ; puis il demanda la description de cet animal.

La vieille voulut lui faire comprendre qu'il n'avait pas à s'inquiéter du monde, ni de ce qu'on y mangeait, mais qu'il devait chercher des trésors, et ne pas s'occuper de l'avenir.

Comme le petit Cornélius faisait mine de s'impatienter, elle chercha à l'apaiser en lui exposant tous les honneurs auxquels il pourrait parvenir.

Il y a chez les enfants chétifs une intelligence et une pénétration souvent extraordinaires. Comme s'il avait déjà vécu une fois, la connaissance des choses humaines lui revint tout à coup ;

indifférent à tous les tableaux que Braka lui avait fait de la vie délicieuse des boulangers et des sommeliers, rien ne le séduisait autant qu'un bâton de maréchal* ; vêtu d'un brillant costume, comme celui du maréchal dont le portrait était au château, galoper à la tête de milliers de cavaliers et recevoir leurs hommages, voilà ce qu'il voulait. Aussi, ordonna-t-il que, dans la maison, on ne l'appelât jamais autrement que le maréchal Cornélius.

— Pour cela, il faut de l'argent, dit la vieille ; ici-bas, rien pour rien ; de l'argent ! de l'argent ! crie sans cesse le monde.

— Quant à l'argent, je m'en charge, répondit le petit homme ; aussi bien, je ne suis pas tranquille ici, il doit y avoir un trésor caché dans ce coin.

La vieille se mit aussitôt à gratter avec ses ongles la pierre qu'il avait indiquée ; puis, comme cela n'allait pas assez vite, elle prit une barre de fer qui fermait la porte et se mit au travail ; par bonheur, le trésor était immédiatement derrière cette pierre ; au reste, tous les coups de pied du maréchal ne l'auraient pas empêchée de traverser le mur tout entier. Aussi, sans se troubler des morsures et des égratignures* du petit, elle amena bientôt une grosse cassette* remplie de beaux écus d'or et d'argent. Elle s'assit dessus, puis tint ce discours solennel :

— Mes enfants, jeunesse n'a pas de sagesse, dit le proverbe ; les vieux connaissent les sottises des jeunes ; vous ne savez ni l'un ni l'autre vous servir de l'argent, et vous seriez bientôt entre les mains de la justice soupçonneuse, si je n'étais là pour vous conseiller ; écoutez donc mes paroles et faites ce que je vous dirai, pour jouir en toute sûreté de ce trésor. Écoute, Bella, tu m'as souvent appelée ta mère, je veux t'en tenir lieu, et en porter le nom dans le monde où je vais t'introduire. Toi, Cornélius, tu dois te faire passer pour mon neveu, pour le cousin de ma chère Bella ; tu pourras ainsi habiter avec nous ; nous te recommanderons à quelque empereur qui te prendra comme feld-maréchal ; nous t'achèterons un beau costume, avec une épée, un casque, un cheval de bataille et alors tu seras heureux ; lorsque tu passeras dans les rues, les gens te montreront du doigt, en disant : « Voilà le noble, le jeune chevalier, le feld-maréchal, le hardi guerrier. » Les jeunes filles baisseront les yeux, et tu galoperas devant tous les autres en retroussant ta moustache.

Si Cornélius avait regardé la vieille, il aurait bien vu qu'elle se moquait de lui, mais il ne l'avait qu'entendue, et depuis qu'il vivait, rien ne lui avait fait plus de plaisir que ce qu'elle venait de dire ; aussi il lui sauta au cou et l'embrassa si fort que Bella, jalouse, le saisit et le mordit au lieu de l'embrasser à son tour.

Comme le petit n'entendait pas qu'on le traitât ainsi, il allait commencer une querelle, mais la vieille reprit la délibération* qu'elle avait entamée.

— Vous vous battrez une autre fois, dit-elle, lorsque nous aurons le temps ; aujourd'hui il faut décider comment nous ferons pour entrer à Gand d'une manière honorable. Je connais à Buik une vieille marchande qui fournit le Conseil et qui nous donnera ce qu'il nous faut ; un carrosse d'apparat, où nous mettrons M. Cornélius, en disant qu'il a été blessé en duel et qu'il est encore en convalescence.

— Non, non, dit le petit, je ne veux pas faire cela, la chose n'aurait qu'à m'arriver véritablement.

— Seulement, Monseigneur, continua la vieille, dans ce village, nous ne trouverons peut-être pas un costume digne de votre rang ! Ayez d'abord soin de couper soigneusement votre barbe et vos cheveux ; autrement, les gens vous prendraient pour Peau-d'Ours.

Traduit de l'allemand par Théophile GAUTIER Fils.
In *Contes bizarres* : « Isabelle d'Égypte ».

Pierre Gripari

LA SORCIÈRE DU PLACARD AUX BALAIS

C'est moi, monsieur Pierre, qui parle, et c'est à moi qu'est arrivée l'histoire.

Un jour, en fouillant dans ma poche, je trouve une pièce de cinq nouveaux francs. Je me dis :

— Chouette ! Je suis riche ! Je vais pouvoir m'acheter une maison !

Et je cours aussitôt chez le notaire* :

— Bonjour, monsieur le Notaire ! Vous n'auriez pas une maison, dans les cinq cents francs ?

— Cinq cents francs comment ? Anciens ou nouveaux ?

— Anciens, naturellement !

— Ah non, me dit le notaire, je suis désolé ! J'ai des maisons à deux millions, à cinq millions, à dix millions, mais pas à cinq cents francs !

Moi, j'insiste quand même :

— Vraiment ? En cherchant bien, voyons... Pas même une toute petite ?

À ce moment, le notaire se frappe le front :

— Mais si, j'y pense ! Attendez un peu...

Il fouille dans ses tiroirs et en tire un dossier :

— Tenez, voici : une petite villa située sur la grand-rue, avec chambre, cuisine, salle de bains, living-room, pipi-room et placard aux balais.

— Combien ?

— Trois francs cinquante. Avec les frais, cela fera cinq nouveaux francs exactement.

— C'est bon, j'achète.

Je pose fièrement sur le bureau ma pièce de cent nouveaux sous. Le notaire la prend, et me tend le contrat :

— Tenez, signez ici. Et là, vos initiales. Et là encore. Et là aussi.

Je signe et je lui rends le papier en lui disant :

— Ça va, comme ça ?

Il me répond :

— Parfait. Hihihihi !

Je le regarde, intrigué :

— De quoi riez-vous ?

— De rien, de rien… Haha !

Je n'aimais pas beaucoup ce rire. C'était un petit rire nerveux, celui de quelqu'un qui vient de vous jouer un méchant tour. Je demande encore :

— Enfin quoi, cette maison, elle existe ?

— Certainement. Héhéhé !

— Elle est solide, au moins ? Elle ne va pas me tomber sur la tête ?

— Hoho ! Certainement non !

— Alors ? Qu'est-ce qu'il y a de drôle ?

— Mais rien, je vous dis ! D'ailleurs, voici la clef, vous irez voir vous-même… Bonne chance ! Houhouhou !

Je prends la clé, je sors, et je vais visiter la maison. C'était ma foi, une fort jolie petite maison, coquette, bien exposée, avec chambre, cuisine, salle de bains, living-room, pipi-room et placard aux balais. La visite une fois terminée, je me dis :

— Si j'allais saluer mes nouveaux voisins ?

Allez, en route ! Je vais frapper chez mon voisin de gauche :

— Bonjour, voisin ! Je suis votre voisin de droite ! C'est moi qui viens d'acheter la petite maison avec chambre, cuisine, salle de bains, living-room, pipi-room et placard aux balais !

Là-dessus je vois le bonhomme qui devient tout pâle. Il me regarde d'un air horrifié, et pan ! sans une parole, il me claque la porte au nez ! Moi, sans malice, je me dis :

— Tiens ! Quel original !

Et je vais frapper chez ma voisine de droite :

— Bonjour, voisine ! Je suis votre voisin de gauche ! C'est moi qui viens d'acheter la petite maison avec chambre, cuisine, salle de bains, living-room, pipi-room et placard aux balais !

Là-dessus, je vois la vieille qui joint les mains, me regarde avec infiniment de compassion* et se met à gémir !

— Hélà, mon pauv' monsieur, v'avez ben du malheur ! C'est-y pas une misère, un gentil p'tit jeune homme comme vous ! Enfin p'tête ben qu'vous vous en sortirez… Tant qu'y a d'la vie y a d'l'espoir, comme on dit, et tant qu'on a la santé…

Moi, d'entendre ça, je commence à m'inquiéter :

— Mais enfin, chère madame, pouvez-vous m'expliquer, à la fin ? Toutes les personnes à qui je parle de cette maison…

Mais la vieille m'interrompt aussitôt :

— Excusez-moi, mon bon monsieur, mais j'ai mon rôti au four… Faut que j'y aille voir si je veux point qu'y grâle !

Et pan ! Elle me claque la porte au nez, elle aussi.

Cette fois, la colère me prend. Je retourne chez le notaire et je lui dis :

— Maintenant, vous allez me dire ce qu'elle a de particulier, ma maison, que je m'amuse avec vous ! Et si vous ne voulez pas me le dire, je vous casse la tête !

Et, en disant ces mots, j'attrape le gros cendrier de verre. Cette fois, le type ne rit plus :

La Sorcière du placard aux balais

— Hélà, doucement! Calmez-vous, cher monsieur! Posez ça là! Asseyez-vous!

— Parlez d'abord!

— Mais oui, je vais parler! Après tout, maintenant que le contrat est signé, je peux bien vous le dire... la maison est hantée!

— Hantée? Hantée par qui?

— Par la sorcière du placard aux balais!

— Vous ne pouviez pas me le dire plus tôt?

— Eh non! Si je vous l'avais dit, vous n'auriez plus voulu acheter la maison, et moi je voulais la vendre. Hihihi!

— Finissez de rire, ou je vous casse la tête!

— C'est bon, c'est bon...

— Mais dites-moi donc, j'y pense: Je l'ai visité, ce placard aux balais, il y a un quart d'heure à peine... Je n'y ai pas vu de sorcière!

— C'est qu'elle n'y est pas dans la journée! Elle ne vient que la nuit!

— Et qu'est-ce qu'elle fait, la nuit?

— Oh! Elle se tient tranquille, elle ne fait pas de bruit, elle reste là, bien sage, dans son placard... seulement, attention! Si vous avez le malheur de chanter:

Sorcière, sorcière,
Prends garde à ton derrière!

À ce moment-là, elle sort... Et c'est tant pis pour vous!

Moi, en entendant ça, je me relève d'un bond et je me mets à crier:

— Espèce d'idiot! Vous aviez bien besoin de me chanter ça! Jamais il ne me serait venu l'idée d'une pareille ânerie! Maintenant, je ne vais plus penser à autre chose!

— C'est exprès! Hihihi!

Et comme j'allais sauter sur lui, le notaire s'enfuit par une porte dérobée.

Que faire ? Je rentre chez moi en me disant :

— Après tout, je n'ai qu'à faire attention… Essayons d'oublier cette chanson idiote !

Facile à dire ! Des paroles comme celles-là ne se laissent pas oublier ! Les premiers mois, bien sûr, je me tenais sur mes gardes… Et puis, au bout d'un an et demi, la maison, je la connaissais, je m'y étais habitué, elle m'était familière… Alors j'ai commencé à chanter la chanson pendant le jour, aux heures où la sorcière n'était pas là… Et puis dehors, où je ne risquais rien… Et puis je me suis mis à la chanter la nuit, dans la maison – mais pas entièrement ! Je disais simplement :

Sorcière, sorcière…

et puis je m'arrêtais. Il me semblait alors que la porte du placard aux balais se mettait à frémir… Mais comme j'en restais là, la sorcière ne pouvait rien. Alors, voyant cela, je me suis mis à en dire chaque jour un peu plus : *Prends garde…* puis *Prends garde à…* et puis *Prends garde à ton…* et enfin *Prends garde à ton derr…* je m'arrêtais juste à temps ! Il n'y avait plus de doute, la porte frémissait, tremblait, sur le point de s'ouvrir… Ce que la sorcière devait rager, à l'intérieur !

Ce petit jeu s'est poursuivi jusqu'à Noël dernier. Cette nuit-là, après avoir réveillonné* chez des amis, je rentre chez moi, un peu pompette*, sur le coup de quatre heures du matin, en me chantant tout au long de la route :

Sorcière, sorcière,
Prends garde à ton derrière !

Bien entendu, je ne risquais rien, puisque j'étais dehors. J'arrive dans la grand-rue : *Sorcière, sorcière...* je m'arrête devant ma porte : *Prends garde à ton derrière !*... Je sors la clef de ma poche : *Sorcière, sorcière,* je ne risquais toujours rien... Je glisse la clef dans la serrure : *Prends garde à ton derrière...* Je tourne, j'entre, je retire la clef, je referme la porte derrière moi, je m'engage dans le couloir en direction de l'escalier...

> *Sorcière, sorcière,*
> *Prends garde à ton derrière !*

Zut ! Ça y était ! Cette fois, je l'avais dit ! Au même moment j'entends, tout près de moi, une petite voix pointue, aigre, méchante :

— Ah, vraiment ! Et pourquoi est-ce que je dois prendre garde à mon derrière ?

C'était elle. La porte du placard était ouverte et elle était campée dans l'ouverture, le poing droit sur la hanche et un de mes balais dans la main gauche. Bien entendu, j'essaie de m'excuser :

— Oh ! Je vous demande pardon, madame ! C'est un moment de distraction... J'avais oublié que... Enfin, je veux dire... J'ai chanté ça sans y penser...

Elle ricane doucement :

— Sans y penser ? Menteur ! Depuis deux ans tu ne penses qu'à ça ! Tu te moquais bien de moi, n'est-ce pas, lorsque tu t'arrêtais au dernier mot, à la dernière syllabe ! Mais moi, je me disais : Patience, mon mignon ! Un jour, tu la cracheras, ta petite chanson, d'un bout à l'autre, et ce jour-là ce sera mon tour de m'amuser... Eh bien, voilà ! C'est arrivé !

Moi, je tombe à genoux et je me mets à supplier :

— Pitié, madame ! Ne me faites pas de mal ! Je n'ai pas voulu vous offenser ! J'aime beaucoup les sorcières ! J'ai de très bonnes amies sorcières ! Ma pauvre mère elle-même était sorcière ! Si elle n'était pas morte, elle pourrait vous le dire… Et puis d'ailleurs, c'est aujourd'hui Noël ! Le petit Jésus est né cette nuit… Vous ne pouvez pas me faire disparaître un jour pareil !…

La sorcière me répond :

— Taratata ! Je ne veux rien entendre ! Mais puisque tu as la langue si bien pendue, je te propose une épreuve : tu as trois jours, pour me demander trois choses. Trois choses impossibles ! Si je te les donne, je t'emporte. Mais si, une seule des trois, je ne suis pas capable de te la donner, je m'en vais pour toujours et tu ne me verras plus. Allez, je t'écoute !

Moi, pour gagner du temps, je lui réponds :

— Ben, je ne sais pas… Je n'ai pas d'idée… Il faut que je réfléchisse… Laissez-moi la journée !

— C'est bon, dit-elle, je ne suis pas pressée. À ce soir !

Et elle disparaît.

Pendant une bonne partie de la journée, je me tâte, je me creuse, je me fouille les méninges* – et tout à coup je me souviens que mon ami Bachir a deux petits poissons dans un bocal, et que ces deux petits poissons, m'a-t-il dit, sont *magiques*. Sans perdre une seconde, je fonce rue Broca et je demande à Bachir :

— Tu as toujours tes deux poissons ?

— Oui. Pourquoi ?

— Parce que, dans ma maison, il y a une sorcière, une vieille, une méchante sorcière. Ce soir, je dois lui demander quelque chose d'impossible. Sinon, elle m'emportera. Tes petits poissons pourraient peut-être me donner une idée ?

La Sorcière du placard aux balais

— Sûrement, dit Bachir. Je vais les chercher.

Il s'en va dans l'arrière-boutique, puis il revient avec un bocal plein d'eau dans lequel nagent deux petits poissons, l'un rouge et l'autre jaune tacheté de noir. C'est bien vrai qu'ils ont l'air de poissons magiques. Je demande à Bachir :

— Maintenant, parle-leur !

— Ah non ! répond Bachir. Je ne peux pas leur parler moi-même, ils ne comprennent pas le français. Il faut un interprète !

— Ne t'en fais pas. Moi, j'en ai un.

Et voilà mon Bachir qui se met à chanter :

Petite souris
Petite amie
Viens par ici
Parle avec mes petits poissons
Et tu auras du saucisson !

À peine a-t-il fini de chanter qu'une adorable souris grise arrive en trottinant sur le comptoir, s'assied sur son petit derrière à côté du bocal et pousse trois petits cris, comme ceci :

— Hip ! Hip ! Hip !

Bachir traduit :

— Elle dit qu'elle est prête. Raconte-lui ce qui t'est arrivé.

Je me penche vers la souris et je lui raconte tout : le notaire, la maison, les voisins, le placard, la chanson, la sorcière et l'épreuve qu'elle m'a imposée. Après m'avoir écouté en silence, la souris se retourne vers les petits poissons et leur dit dans sa langue :

— Hippi hipipi pipi ripitipi…

Et comme ça pendant cinq minutes.

Après avoir, eux aussi, écouté en silence, les poissons se regardent, se consultent, se parlent à l'oreille, et pour finir le poisson rouge monte à la surface de l'eau et ouvre plusieurs fois la bouche avec un petit bruit, à peine perceptible :

— Po – po – po – po...

Et ainsi de suite, pendant près d'une minute.

Quand c'est fini, la petite souris se retourne vers Bachir et recommence à pépier :

— Pipiri pipi ripipi.

Je demande à Bachir :

— Qu'est-ce qu'elle raconte ?

Il me répond :

— Ce soir, quand tu verras la sorcière, demande-lui des bijoux en caoutchouc, qui brillent comme des vrais. Elle ne pourra pas te les donner.

Je remercie Bachir, Bachir donne une pincée de daphnies aux petits poissons, à la souris une rondelle de saucisson, et sur ce nous nous séparons.

Dans le couloir, la sorcière m'attendait :

— Alors ? Qu'est-ce que tu me demandes ?

Sûr de moi, je réponds :

— Je veux que tu me donnes des bijoux en caoutchouc qui brillent comme des vrais !

Mais la sorcière se met à rire :

— Haha ! Cette idée-là n'est pas de toi ! Mais peu importe, les voilà !

Elle fouille dans son corsage, et en tire une poignée de bijoux : deux bracelets, trois bagues et un collier, tout ça brillant comme de l'or, étincelant comme du diamant, de toutes les couleurs – et mou comme de la gomme à crayon !

La Sorcière du placard aux balais ◆ **95**

— À demain, me dit-elle, pour la deuxième demande! Et cette fois, tâche d'être un peu plus malin!

Et hop! La voilà disparue.

Le lendemain matin, j'emporte les bijoux chez un de mes amis qui est chimiste, et je lui dis:

— Qu'est-ce que c'est que cette matière?

— Fais voir, me dit-il.

Et il s'enferme dans son laboratoire. Au bout d'une heure il en ressort en me disant:

— Ça, c'est extraordinaire! Ils sont en caoutchouc! Je n'ai jamais vu ça! Tu permets que je les garde?

Je lui laisse les bijoux et je retourne chez Bachir.

— Les bijoux, ça ne va pas, je lui dis. La sorcière me les a donnés tout de suite.

— Alors, il faut recommencer, dit Bachir.

Il retourne chercher le bocal, le pose sur le comptoir et se remet à chanter:

> *Petite souris*
> *Petite amie*
> *Viens par ici*
> *Parle avec mes petits poissons*
> *Et tu auras du saucisson!*

La petite souris accourt, je la mets au courant, elle traduit, puis recueille la réponse et transmet à Bachir:

— Pipi pirripipi hippi hippi hip!

— Qu'est-ce qu'elle dit?

Et Bachir me traduit:

— Demande à la sorcière une branche de l'arbre à macaroni, et repique-la dans ton jardin pour voir si elle pousse!

Et, le soir même, je dis à la sorcière :
— Je veux une branche de l'arbre à macaroni !
— Haha ! Cette idée-là n'est pas de toi ! Mais ça ne fait rien : voilà !

Et crac ! Elle sort de son corsage un magnifique rameau de macaroni en fleur, avec des branchettes en spaghetti, de longues feuilles en nouilles, des fleurs en coquillettes, et même de petites graines en forme de lettres de l'alphabet !

Je suis bien étonné, mais tout de même, j'essaie de chercher la petite bête :
— Ce n'est pas une branche d'arbre, ça, ça ne repousse pas !
— Crois-tu ? dit la sorcière. Eh bien, repique-la dans ton jardin, et tu verras ! Et à demain soir !

Moi, je ne fais ni une ni deux, je sors dans le jardin, je creuse un petit trou dans une plate-bande, j'y plante la branche de macaroni, j'arrose et je vais me coucher. Le lendemain matin, je redescends. La branche est devenue énorme : c'est presque un petit arbre, avec plusieurs nouvelles ramures, et deux fois plus de fleurs. Je l'empoigne à deux mains, j'essaie de l'arracher… impossible ! Je gratte la terre autour du tronc, et je m'aperçois qu'il tient au sol par des centaines de petites racines en vermicelle… Cette fois, je suis désespéré. Je n'ai même plus envie de retourner chez Bachir. Je me promène dans le pays, comme une âme en peine, et je vois les bonnes gens se parler à l'oreille, quand ils me regardent passer. Je sais ce qu'ils se disent !

— Pauvre petit jeune homme ! Regardez-le. C'est sa dernière journée, ça se voit tout de suite ! La sorcière va sûrement l'emporter cette nuit !

Sur le coup de midi, Bachir me téléphone :
— Alors ? Ça a marché ?

— Non, ça n'a pas marché. Je suis perdu. Ce soir, la sorcière va m'emporter. Adieu, Bachir !

— Mais non, rien n'est perdu, qu'est-ce que tu racontes ? Viens tout de suite, on va interroger les petits poissons !

— Pour quoi faire ? Ça ne sert à rien !

— Et ne rien faire, ça sert à quoi ? Je te dis de venir tout de suite ! C'est honteux de se décourager comme ça !

— Bon, si tu veux, je viens…

Et je vais chez Bachir. Quand j'arrive, tout est prêt : le bocal aux poissons et la petite souris, assise à côté.

Pour la troisième fois je raconte mon histoire, la petite souris traduit, les poissons se consultent longuement, et c'est le poisson jaune, cette fois, qui remonte à la surface et se met à bâiller en mesure :

— Po – po – po – po – po – po – po…

Pendant près d'un quart d'heure.

La souris à son tour se retourne vers nous et fait tout un discours, qui dure bien dix minutes.

Je demande à Bachir :

— Mais qu'est-ce qu'ils peuvent raconter ?

Bachir me dit :

— Écoute bien, et fais très attention, car ce n'est pas simple ! Ce soir, en retournant chez toi, demande à la sorcière qu'elle te donne la grenouille à cheveux. Elle sera bien embarrassée, car la grenouille à cheveux, c'est la sorcière elle-même. Et la sorcière n'est rien d'autre que la grenouille à cheveux qui a pris forme humaine. Alors, de deux choses l'une : ou bien elle ne peut pas te la donner, et en ce cas elle est obligée de partir pour toujours – ou bien elle voudra te la montrer quand même, et pour cela elle sera obligée de se transformer. Dès qu'elle sera devenue grenouille à cheveux, toi, attrape-la et ligote-la bien fort et bien serré avec une grosse ficelle. Elle ne pourra plus se dilater pour redevenir sorcière. Après cela, tu lui raseras les cheveux, et ce ne sera plus qu'une grenouille ordinaire, parfaitement inoffensive*.

Cette fois, l'espoir me revient. Je demande à Bachir :

— Peux-tu me vendre la ficelle ?

Bachir me vend une pelote de grosse ficelle, je remercie et je m'en vais. Le soir venu, la sorcière est au rendez-vous :

— Alors, mignon, c'est maintenant que je t'emporte ? Qu'est-ce que tu vas me demander à présent ?

Moi, je m'assure que la ficelle est bien déroulée dans ma poche, et je réponds :

— Donne-moi la grenouille à cheveux !

Cette fois, la sorcière ne rit plus. Elle pousse un cri de rage :

— Hein ? Quoi ? Cette idée-là n'est pas de toi ! Demande-moi autre chose !

Mais je tiens bon :

— Et pourquoi autre chose ? Je ne veux pas autre chose, je veux la grenouille à cheveux !

— Tu n'as pas le droit de me demander ça !

— Tu ne peux pas me donner la grenouille à cheveux ?

— Je peux, mais ce n'est pas de jeu !

— Alors, tu ne veux pas ?

— Non, je ne veux pas !

— En ce cas, retire-toi. Je suis ici chez moi !

À ce moment, la sorcière se met à hurler :

— Ah, c'est comme ça ! Eh bien, la voilà, puisque tu la veux, ta grenouille à cheveux !

Et je la vois qui se ratatine, qui rapetisse, qui rabougrit, qui se dégonfle et se défait, comme si elle fondait, tant et si bien que cinq minutes après je n'ai plus devant moi qu'une

La Sorcière du placard aux balais

grosse grenouille verte, avec plein de cheveux sur la tête, qui se traîne sur le parquet en criant comme si elle avait le hoquet :

— Coap ! Coap ! Coap ! Coap !

Aussitôt, je saute sur elle, je la plaque sur le sol, je tire la ficelle de ma poche, et je te la prends, et je te la ligote, et je te la saucissonne... Elle se tortille, elle étouffe presque, elle essaie de se regonfler... mais la ficelle est trop serrée ! Elle me regarde avec des yeux furieux en hoquetant comme elle peut :

— Coap ! Coap ! Coap ! Coap !

Moi, sans perdre de temps, je l'emporte dans la salle de bains, je la savonne, je la rase, après quoi je la détache et je la laisse passer la nuit dans la baignoire, avec un peu d'eau dans le fond.

Le lendemain, je la porte à Bachir, dans un bocal avec une petite échelle, pour qu'elle serve de baromètre. Bachir me remercie et place le nouveau bocal sur une étagère, à côté de celui des poissons.

Depuis ce temps-là, les deux poissons et la grenouille n'arrêtent pas de se parler. La grenouille dit : *Coap ! Coap !* et les poissons : *Po – po !* et cela peut durer des journées entières !

Un beau jour, j'ai demandé à Bachir :

— Et si tu appelais ta souris, qu'on sache un peu ce qu'ils se racontent ?

— Si tu veux ! a dit Bachir.

Et il s'est remis à chanter :

Petite souris
Petite amie
Viens par ici...

Quand la souris est venue, Bachir lui a demandé d'écouter et de traduire. Mais la souris, cette fois, a refusé tout net.

— Pourquoi ? ai-je demandé.

Et Bachir a répondu :

— Parce que ce ne sont que des gros mots !

Voilà l'histoire de la sorcière. Et maintenant, quand vous viendrez me rendre visite, soit de jour, soit de nuit, dans la petite maison que j'ai achetée, vous pourrez chanter tout à votre aise :

Sorcière, sorcière,
Prends garde à ton derrière !

Je vous garantis qu'il n'arrivera rien !

In *La Sorcière de la rue Mouffetard*.
© Éditions de La Table Ronde.

Fredric Brown

LES FARFAFOUILLE

Une des choses étranges, dans l'aventure, était que la petite Aubrey Walters était une fillette sans étrangeté aucune. Elle était aussi parfaitement banale que son père et sa mère, qui vivaient dans un appartement d'Otis Street, faisaient un bridge* un soir par semaine, sortaient un soir par semaine, et passaient les autres soirées de la semaine chez eux, bien gentiment.

Aubrey avait neuf ans; elle avait des cheveux plutôt filasse et des taches de rousseur, mais à neuf ans on ne se fait pas de souci pour ça. Elle poursuivait de gentilles études, dans l'institution privée pas trop coûteuse où ses parents l'avaient inscrite; elle se faisait sans effort des amis parmi les autres enfants de l'école et elle étudiait le violon, sur un instrument trois-quarts, dont elle tirait des sons abominables.

Son plus grave travers* était sans doute son goût pour les veillées – et encore était-ce surtout la faute de ses parents, qui lui permettaient de rester habillée jusqu'au moment où elle aurait sommeil et déciderait d'aller se coucher. À cinq ans déjà, il lui arrivait rarement d'aller se coucher avant vingt-deux heures. Et quand sa mère, dans une crise de maternalisme actif, la mettait au lit plus tôt, elle ne s'endormait pas pour autant. Dans ces conditions, pourquoi ne pas laisser la petite veiller?

Maintenant qu'elle avait neuf ans, elle veillait aussi tard que ses parents, autrement dit jusqu'à vingt-trois heures les jours ordinaires, et plus tard encore quand ils recevaient des amis pour un bridge ou sortaient le soir. Car ils l'emmenaient généralement avec eux. Et Aubrey y prenait grand plaisir, en toutes circonstances. Au théâtre elle restait sage comme une image, dans les boîtes de nuit elle les dévisageait, avec le sérieux des petites filles, par-dessus son verre de ginger ale, pendant qu'ils buvaient leurs cocktails. Le bruit, la musique et la danse, elle enregistrait tout avec émerveillement et joie.

Oncle Richard, le frère de sa mère, accompagnait parfois le trio. Elle et oncle Richard étaient de grands copains. C'est oncle Richard qui lui offrit les poupées.

— Il m'est arrivé un truc marrant, dit-il ce jour-là. Je passais Rodgers Place, devant le Mariner Building... tu sais bien, Edith, la maison où le docteur Howard a longtemps eu son cabinet... et voilà que quelque chose tombe sur le trottoir, juste derrière moi. Je me retourne, et j'aperçois ce paquet.

«Ce paquet» était une boîte blanche à peine plus grande qu'un carton à chaussures, maintenue de façon assez insolite* par un ruban gris noué en rosette. Sam Walters, le père d'Aubrey, regarda l'objet avec curiosité.

— Il ne porte aucune marque de chute, fit-il observer. Ça n'a pas pu tomber de bien haut. C'était ficelé comme ça?

— Exactement. Remarque, c'est moi qui ai remis le ruban, après avoir ouvert la boîte pour voir ce qu'il y avait dedans. Je n'ai évidemment pas ouvert le paquet tout de suite, non. Je me suis arrêté et j'ai levé la tête pour voir qui avait laissé tomber ça. J'étais sûr que je verrais quelqu'un penché à une fenêtre. Mais il n'y avait personne. J'ai alors ramassé la boîte. Il y avait quelque chose dedans ; quelque chose de pas bien lourd, d'ailleurs. Cette boîte, avec son ruban, avait l'air de... enfin ça n'avait pas l'air de quelque chose qu'on jette exprès.

Alors je suis resté là, à attendre la suite des événements. Mais il n'y avait pas de suite. J'ai alors secoué un peu la boîte, et...

— Bon, bon, dit Sam Walters, épargne-nous les détails. Tu ne sais toujours pas qui avait laissé tomber la boîte ?

— Non. Et je suis pourtant monté jusqu'au quatrième étage, à demander à toutes les personnes dont les fenêtres donnent sur l'endroit où j'ai ramassé la boîte. Tous les locataires étaient chez eux, justement, et aucun n'était au courant de rien. J'avais pensé que la boîte avait pu tomber d'un rebord de fenêtre, et...

— Et qu'est-ce qu'il y a dedans, Dick ? demanda Edith.

— Des poupées. Quatre poupées. Je les ai apportées pour Aubrey, si elle les veut.

Il défit le paquet et Aubrey dit : « Oôôô, oncle Richard, ce qu'elles sont belles... »

— Hmmm, dit Sam, ce sont des figurines plutôt que des poupées, habillées comme elles sont. Ça a dû coûter quelques dollars pièce. Tu es sûr que celui à qui ça appartient ne viendra pas les réclamer ?

— Comment ferait-il ? demanda Richard. Je viens de t'expliquer que j'ai demandé à tout le monde, jusqu'au quatrième étage. Et l'état de la boîte,... ça n'a jamais pu tomber de si haut. Regarde, d'ailleurs...

Richard prit une des poupées et la tendit à Sam Walters :

— De la cire. Les têtes et les mains sont en cire. Et pas une fêlure. Même tombant d'un simple deuxième étage, il y aurait eu des dégâts...

— Ce sont les Farfafouille, dit Aubrey.

— Les quoi ? demanda Sam.

— Je vais les baptiser les Farfafouille, proclama Aubrey. Voici Papa Farfafouille ; voici Maman Farfafouille ; cette petite c'est… c'est Aubrey Farfafouille. Et l'autre monsieur, nous l'appellerons oncle Farfafouille. L'oncle de la petite fille.

— Ils sont comme nous, quoi! dit Sam avec un bon rire. Mais, euh, si oncle Farfafouille est le frère de Maman Farfafouille, comme oncle Richard est le frère de maman, il ne s'appelle pas Farfafouille.

— C'est pourtant comme ça, dit Aubrey. Ils sont tous Farfafouille. Tu veux m'acheter une maison pour eux, papa?

— Une maison de poupée? Mais…

Et puis il s'interrompit. Il avait été sur le point de dire oui, quand un coup d'œil de sa femme lui avait rappelé que l'anniversaire d'Aubrey était tout proche et que, justement, ils en étaient à se demander quel cadeau ils lui feraient.

— … peut-être, enchaîna-t-il. On verra ça.

C'était une maison de poupée de toute beauté. Un seul étage, mais avec un grand luxe dans le fignolage des détails, avec un toit à charnières qui permettait de disposer les meubles dans les pièces et de faire évoluer les poupées. Et parfaitement à l'échelle des figurines apportées par oncle Richard.

Aubrey était aux anges. Tous ses autres jouets furent éclipsés et les faits et gestes des Farfafouille occupèrent la majeure partie de ses pensées en dehors du sommeil.

Il fallut un certain temps à Sam Walters pour remarquer, en y trouvant matière à réflexion, les étrangetés des activités des Farfafouille. Au début, la succession de coïncidences* fut une source de joies saines.

Puis on put lire quelque étonnement dans son regard.

Il fallut pas mal de temps pourtant pour qu'il se décide à entraîner Richard dans un coin. Les quatre venaient juste de rentrer du théâtre.

— Euh, Dick… dit-il.

— Oui, Sam?

— Ces poupées, Dick… où les as-tu eues, *en fait?*

Richard dévisagea Sam:

— Qu'est-ce que tu veux dire, Sam? Je t'ai dit comment je les ai trouvées.

— Oui, bien sûr… tu ne racontais pas une histoire? Je veux dire, tu as pu les acheter, puis te dire que nous te reprocherions d'avoir fait un cadeau trop coûteux à Aubrey… Tu aurais pu…

— Franchement, non.

— Mais enfin, Dick, ça n'a pas pu tomber d'une fenêtre sans se casser. C'est de la cire. Quelqu'un marchant derrière toi aurait pu… ou une auto qui passait…

— Il n'y avait personne, Sam. Personne. Moi aussi, ça m'a intrigué. Mais si j'avais raconté une histoire, je n'aurais pas combiné un truc aussi vaseux, voyons! Je vous aurais dit que j'avais trouvé la boîte sur un banc, ou sous mon fauteuil au cinéma. Qu'est-ce qui te tracasse?

— Je… Non, rien. Ça m'intriguait, simplement.

La chose continua à intriguer Sam Walters.

Ce n'étaient que de petites choses, en général. Comme la fois où Aubrey avait dit: «Papa Farfafouille n'est pas allé à son bureau, ce matin. Il est malade, il est resté couché.»

— Ah oui? avait répondu Sam. Et qu'est-ce qu'il a, ce monsieur?

— Il a dû manger quelque chose qu'il ne digère pas.

Le lendemain matin, au petit déjeuner, Sam demanda à Aubrey des nouvelles de la santé de M. Farfafouille.

— Il va un peu mieux, mais le docteur a dit qu'il doit rester encore une journée au lit. Il pourra retourner au bureau demain, sans doute.

Et le lendemain, M. Farfafouille retourna au bureau. Et puis, le hasard fit que ce jour-là Sam Walters rentra très mal fichu : il avait mangé quelque chose qu'il ne digérait pas, au déjeuner. Oui, il passa deux jours sans aller au bureau. C'était la première fois depuis des années qu'il s'absentait pour cause de maladie.

Parfois les choses allaient plus vite, d'autres fois c'était plus lent. Il était impossible de mettre le doigt dessus et de dire : « Si cela vient d'arriver aux Farfafouille, la même chose nous arrivera dans les vingt-quatre heures. » C'était parfois dans l'heure qui suivait. Et parfois il fallait attendre huit jours pleins.

— Maman et Papa Farfafouille se sont disputés aujourd'hui.

Sam avait fait tout son possible pour éviter cette querelle avec Edith, mais il n'y avait rien à faire. Il était rentré assez tard, absolument pas par sa faute. C'était déjà arrivé souvent, mais cette fois Edith prit mal la chose. Toute la diplomatie* de Sam s'avéra vaine et il finit par piquer une colère, lui aussi.

— Oncle Farfafouille va faire un petit voyage.

Richard n'avait pas quitté la ville depuis des années, mais la semaine suivante il annonça soudain qu'il allait à New York : « Tu connais Pete et Amy… Ils m'ont écrit pour… »

— Quand ? coupa Sam. Quand as-tu reçu cette lettre ?

— Hier.

— Alors, la semaine dernière tu ne… J'ai l'air de te poser une question idiote, Dick… Mais la semaine dernière, tu n'envisageais aucun voyage ou déplacement ? Tu n'as rien dit à… à personne, au sujet d'un voyage ou déplacement possible ?

— Bien sûr que non ! J'avais oublié jusqu'à l'existence de Pete et Amy, quand j'ai reçu leur lettre, hier. Ils m'invitent à passer huit jours chez eux.

— Tu seras de retour dans trois jours… peut-être, dit Sam.

Sam se refusa à s'expliquer, même lorsque Richard fut bien revenu au bout de trois jours. Il aurait eu l'air trop idiot, s'il avait dit qu'il savait que l'absence de Richard ne pouvait durer que trois jours, puisque oncle Farfafouille ne s'était absenté que trois jours.

Sam Walters se mit à surveiller sa fille, en se posant des questions. C'était elle, de toute évidence, qui décidait des faits et gestes des Farfafouille. Aubrey était-elle douée de quelque clairvoyance surnaturelle, qui l'eût amenée, inconsciemment, à prédire les choses qui allaient arriver aux Walters et à Richard?

Il ne croyait pas à la clairvoyance surnaturelle, bien sûr. Mais Aubrey en était-elle douée?

— Mme Farfafouille va faire du shopping aujourd'hui. Elle va s'acheter un manteau.

Ça, ça sentait le coup monté. Edith avait souri à Aubrey, puis avait regardé Sam:

— J'allais oublier, Sam… Demain, je vais en ville et il y a des soldes chez…

— Mais, Edith, nous sommes en guerre! Et tu n'as pas besoin d'un manteau de plus!

Sam aligna tant d'arguments qu'il se mit en retard. Des arguments pour rien, parce qu'il avait largement les moyens d'offrir un manteau à sa femme, qui n'en avait pas acheté depuis deux ans déjà. Mais il ne pouvait pas dire que la vraie raison pour laquelle il ne voulait pas était que Mme Farfafouille… C'était tellement idiot qu'il n'osait même pas se l'avouer à lui-même.

Edith s'acheta le manteau.

La chose étrange, se disait Sam, était que personne à part lui ne remarquait ces coïncidences. Mais Richard n'était pas tout le temps là et Edith… Oui, Edith avait le don d'écouter les bavardages d'Aubrey sans en entendre les neuf dixièmes.

— Aubrey Farfafouille a rapporté son carnet de notes, papa. Elle a 90 sur 100 en arithmétique, 80 en orthographe et…

Deux jours plus tard, Sam téléphonait au directeur de l'école. Il lui téléphonait d'une cabine publique, bien sûr, pour que personne ne puisse l'entendre :

— M. Bradley ? Je voudrais vous poser une question… j'ai une raison assez particulière, mais très importante pour vous poser cette question. Serait-il possible, pour un élève de votre école, de connaître ses notes d'avance, de façon précise ?

Non, c'était absolument impossible. Les professeurs eux-mêmes n'en savaient rien avant que toutes les notes soient corrigées pour l'établissement des moyennes ; et cela n'était fait que le matin du jour où les carnets étaient envoyés. Oui, hier matin, pendant que les enfants étaient en récréation.

— Tu n'as pas l'air dans ton assiette, Sam, dit Richard. Tu as des ennuis dans ton boulot ?

— Non, non, pas du tout, Dick. Je ne me fais aucun souci, à aucun sujet. Pas, euh, à vrai dire, euh…

Sam eut bien du mal à se dépêtrer du contre-interrogatoire auquel le soumettait Richard. Il finit par s'inventer une paire de soucis, pour donner à Richard la possibilité de les dissiper.

Il pensait énormément aux Farfafouille. Beaucoup trop. Si seulement il avait été de nature superstitieuse ou crédule, le mal aurait été moins grand. Mais il n'était ni superstitieux ni crédule et chaque nouvelle coïncidence ne pouvait donc que le frapper plus durement que la précédente.

Edith et son frère s'en apercevaient, bien sûr, et en discutaient quand Sam n'était pas là.

— Il se conduit vraiment de façon bizarre, depuis quelque temps, Dick. Il est tellement… tu crois qu'on arrivera à l'amener à consulter un médecin ou un…

— Ou un psychiatre ? Il faudrait essayer. Mais je ne l'imagine pas acceptant cela, Edith. Quelque chose le ronge, Edith ; j'ai essayé à plusieurs reprises de lui tirer les vers du nez, mais il reste muet comme la tombe. Si tu veux que je te dise… Je crois que c'est en rapport avec ces saloperies de poupées.

— Les poupées ? Tu veux dire les poupées d'Aubrey ? Celles dont tu lui as fait cadeau ?

— Oui, les Farfafouille. Il reste assis à observer la maison de poupée. Je l'ai entendu poser des questions sur les poupées, à la petite. Et il les posait avec beaucoup de sérieux. Ces poupées ont l'air de représenter quelque chose de sérieux pour lui. Une sorte de « fixation », comme on dit.

— Mais c'est épouvantable, ce que tu dis là, Dick !

— Écoute, Edith… Aubrey commence à s'en désintéresser un peu et… il n'y a pas quelque chose dont elle ait très envie ?

— Si, elle rêve de leçons de danse. Mais elle a déjà ses leçons de violon et à mon avis, il ne faudrait pas…

— Si on lui promettait des leçons de danse, à condition qu'elle renonce à ces poupées, crois-tu qu'elle accepterait ? À mon avis, il faut faire sortir ces poupées de l'appartement. Et il faudrait le faire sans faire de peine à Aubrey…

— Qu'est-ce que tu veux qu'on dise à Aubrey ?

— Dis-lui que je connais des enfants très pauvres qui n'ont pas de poupées. Si tu t'y prends bien, elle devrait accepter.

— Mais à Sam, que lui dirons-nous ? Il ne va jamais croire à l'histoire des enfants pauvres.

— À Sam, tu pourrais lui dire, quand Aubrey ne sera pas là, qu'elle a passé l'âge de jouer à la poupée et que… dis-lui que la passion qu'elle a pour ces poupées t'inquiète et que le médecin a conseillé… enfin tu vois ça.

Aubrey ne manifesta aucun enthousiasme. Elle n'avait plus pour les Farfafouille la passion du temps où ils étaient neufs, mais ne pouvait-elle avoir à la fois les poupées *et* les leçons de danse ?

— Tu n'aurais pas assez de temps pour te consacrer aux deux, ma chérie. Et pense à ces enfants pauvres qui n'ont pas de poupées du tout pour jouer avec ; tu devrais les plaindre.

La résistance d'Aubrey faiblit, peu à peu. Les cours de danse ne commençaient que dans dix jours, et elle voulait garder les poupées jusqu'aux premières leçons. La discussion fut serrée, mais sans résultat.

— Ça va très bien, dit Richard à Edith : dix jours, c'est mieux que jamais et si elle n'y renonce pas d'elle-même, ça fera un esclandre* et Sam se rendra compte de ce que nous mijotons. Tu ne lui as rien dit, au moins ?

— Non. Mais peut-être serait-il soulagé de savoir que…

— Je ne pense pas. Nous ne savons pas ce qui au juste le séduit ou le repousse, dans ces poupées. Attends que ce soit une chose faite, et tu le mettras devant le fait accompli. Aubrey a déjà en fait renoncé à ses poupées. Nous risquerions de voir Sam élever des objections et vouloir garder les poupées. Devant le fait accompli, il ne pourra plus rien faire.

— Tu as raison, Dick. Et Aubrey ne lui dira rien, parce que nous avons convenu que les leçons de danse seraient une surprise pour son père, et elle ne peut pas lui parler du sort des poupées sans vendre la mèche pour les leçons de danse.

— Bien joué, Edith.

Il eût peut-être mieux valu que Sam fût au courant. Tout comme il est possible que les choses se fussent déroulées de la même façon, même s'il avait su.

Pauvre Sam. Il passa un moment affreux, dès le lendemain soir. Une amie d'école d'Aubrey était venue, et les deux fillettes jouaient avec la maison de poupée. Sam les regardait, en faisant de grands efforts pour ne pas paraître intéressé. Edith tricotait et Richard, qui venait d'arriver, lisait son journal.

Sam était seul à écouter les enfants, il fut le seul à entendre :

— … et puis on va jouer à l'enterrement, Aubrey. On fera comme si…

Sam Walters poussa un cri étouffé et faillit tomber, tellement il s'était vite précipité vers les fillettes.

Ce fut un moment affreux, mais Edith et Richard parvinrent à arranger cela, en apparence tout au moins. Edith fit remarquer qu'il était tard et que la petite amie d'Aubrey devait rentrer ; en raccompagnant la fillette à la porte, elle et Richard échangèrent des regards lourds de sens.

— Tu as vu, Dick ? murmura-t-elle.

— J'ai l'impression que c'est vraiment grave, murmura-t-il. Nous avons peut-être tort d'attendre. Puisque Aubrey est d'accord pour se séparer des Farfafouille…

Sam, resté au salon, respirait encore avec peine. Aubrey le regardait avec une sorte de crainte et c'était bien la première fois qu'elle le regardait ainsi. Sam avait honte.

— Excuse-moi, ma chérie, dit-il, mais… il faut que tu me promettes de ne *jamais* jouer à l'enterrement d'une de tes poupées. Et ne fais jamais comme si l'une d'elles était gravement malade ou avait un accident, ou rien de ce genre. C'est promis ?

— Mais oui, papa. Je vais les ranger pour ce soir.

Elle referma le toit à la charnière et passa dans la cuisine.

— Je vais parler à Aubrey en tête à tête, dit Edith à Richard, et je vais arranger ça avec elle. Toi, va parler à Sam. Dis-lui… propose-lui qu'on sorte tous ce soir. Il acceptera peut-être.

Sam était toujours au salon, les yeux fixés sur la maison de poupées.

— Il faut nous changer les idées, Sam, dit Richard. Si on sortait ? On s'encroûte, à la maison. Sortir nous fera du bien.

Sam prit une profonde inspiration :

— D'accord, Dick, dit-il. Si tu veux. Me changer les idées ne me fera pas de mal.

Edith revint au salon, avec Aubrey, et lança un clin d'œil à son frère :

— Vous, les hommes, descendez et allez chercher un taxi à la station au coin. Aubrey et moi serons descendues quand vous aurez ramené le taxi.

Derrière le dos de Sam qui enfilait son pardessus, Richard lança un regard interrogateur à Edith, qui répondit d'un signe affirmatif de la tête. Dehors, le brouillard était épais, on n'y voyait qu'à quelques mètres. Sam insista pour que Richard attende Edith et Aubrey devant la porte, il pouvait bien aller tout seul chercher un taxi. Edith et Aubrey descendirent juste avant que Sam fût revenu.

— Tu les as… ? demanda Richard.

— Oui. J'étais sur le point de les jeter, mais j'en ai fait cadeau. Comme ça au moins, elles sont loin ; si je les avais simplement jetées, il aurait pu avoir envie d'aller les repêcher dans les ordures.

— Tu en as fait cadeau ? À qui ?

— C'est très rigolo, Dick. J'ai ouvert la porte, et il y avait justement une vieille bonne femme qui passait. Je ne sais pas de quel appartement elle venait ; c'était sûrement une femme

Les Farfafouille • 113

de ménage, mais elle avait l'air d'une vieille sorcière. Quand elle a vu les poupées que j'avais à la main...

— Voilà le taxi qui arrive, dit Dick. Tu les lui as données?

— Oui. Et c'était très rigolo. Elle m'a dit: « *Pour moi ? Je peux les garder ? Pour toujours ?* » C'était très curieux, tu ne trouves pas, de poser des questions pareilles... Moi, j'ai éclaté de rire, et lui ai dit: « Oui, madame, à vous pour tou... »

Edith s'interrompit, car la silhouette d'un taxi se découpait dans la brume. Le taxi s'arrêta, Sam ouvrit la porte et appela:

— Venez tous!

Aubrey s'engouffra la première dans le taxi, les autres suivirent. L'auto démarra.

Le brouillard était de plus en plus épais. On ne voyait absolument rien par les vitres. On eût dit qu'un mur gris se pressait contre elles, comme si le monde extérieur avait disparu, complètement. Le pare-brise même, pour eux qui étaient assis sur la banquette arrière, était un mur gris.

— Comment fait-il pour conduire aussi vite? demanda Richard, avec un rien d'inquiétude dans la voix. Et, au fait, où allons-nous, Sam?

— Bon Dieu, dit Sam, elle ne me l'a même pas demandé!

— « Elle » ?

— Oui. C'est un taxi-femme. Avec la guerre, il y en a de plus en plus.

Il se pencha en avant et frappa sur la vitre de séparation. La femme se retourna.

Edith vit son visage et poussa un hurlement.

Traduit de l'américain par Jean Sendy.
In *Fantômes et Farfafouilles*.
© Denoël, 1963.

Clarissa Pinkola Estés

VASILISA

Il était une fois et il n'était pas, une jeune mère sur son lit de mort, le visage aussi pâle que sont blanches les roses de cire dans la sacristie* de l'église d'à côté. Sa petite fille et son mari, assis au bout de son vieux lit de bois, priaient Dieu de la guider en toute sérénité dans l'autre monde.

Sa dernière heure venue, elle appela Vasilisa, et la petite fille en bottines rouges et en tablier blanc se mit à genoux au chevet de sa mère.

— Voilà quelque chose pour toi, ma douce, murmura la mère et, de sous l'épaisse couverture, elle sortit une petite poupée qui, tout comme Vasilisa, portait des bottines rouges, un tablier blanc, une jupe noire et un gilet brodé de perles de toutes les couleurs.

» Ce sont mes dernières recommandations, ma douce, dit la mère. Si jamais tu perds ton chemin ou si tu as besoin d'aide, demande conseil à cette poupée. Il te sera porté secours. Ne te sépare jamais de la poupée. Ne parle d'elle à personne. Donne-lui à manger quand elle a faim. C'est la promesse que j'avais faite à ma propre mère et la bénédiction que je te donne, ma fille bien-aimée.

Sur ce, le souffle de la mère tomba dans les profondeurs de son corps où il enveloppa son âme, puis il s'échappa de ses lèvres et la mère mourut.

L'enfant et son père gardèrent très longtemps le deuil. Mais, comme le champ cruellement labouré par la guerre, voilà que la vie du père vit repousser l'herbe dans les sillons et il épousa une veuve qui avait deux filles. La nouvelle belle-mère et ses filles savaient parler comme il faut, elles avaient des sourires de dames, même si ceux-ci cachaient quelque chose de carnassier*. Et le père de Vasilisa, lui, n'y voyait que du feu.

Alors, bien sûr, dès que les trois femmes restaient seules avec Vasilisa, elles la tourmentaient, l'obligeaient à les servir et l'envoyaient couper du bois jusqu'à ce que ce que sa jolie peau soit tout abîmée. Elles la haïssaient parce que sa douceur était d'un autre monde. Elle était aussi très belle. Ses seins étaient ronds et gonflés, alors que les leurs étaient flétris par la méchanceté. Vasilisa avait plaisir à rendre service et elle ne se plaignait jamais, alors que sa belle-mère et ses demi-sœurs, entre elles, étaient semblables à des rats sur une charogne, la nuit.

Un jour, à bout de patience, la belle-mère et les demi-sœurs décidèrent de chasser Vasilisa.

— Ma foi… nous… allons lui tendre un piège. Laissons mourir le feu dans l'âtre, puis envoyons Vasilisa dans la forêt demander à Baba Yaga, la sorcière, du feu pour notre foyer. Et quand elle aura trouvé Baba Yaga, alors la vieille la tuera pour la manger. Oh, les voilà qui battent des mains, couinant comme ces choses qui vivent tapies dans les ténèbres.

Donc, ce soir-là, quand Vasilisa rentra après avoir ramassé du bois, la maison était entièrement plongée dans la pénombre. Elle fut très inquiète et demanda à sa belle-mère : — Qu'est-ce qui s'est passé ? Avec quoi allons-nous faire à manger ? Comment faire la lumière dans l'obscurité ?

La belle-mère se mit à la gronder : — Quelle enfant stupide ! Ça se voit bien, nous n'avons plus de feu. Moi, je ne peux pas aller dans les bois parce que je suis trop vieille. Mes filles ne peuvent pas y aller parce qu'elles ont trop peur. Donc, tu es la seule qui puisse aller trouver la Baba Yaga pour qu'elle te donne du charbon pour rallumer notre feu.

Vasilisa répondit, innocemment : — Bon d'accord, oui, je vais le faire, et elle partit. Les bois devenaient de plus en plus noirs et les branches craquaient sous ses pas, elle avait peur. Elle plongea sa main au fond de la grande poche de son tablier et y trouva la poupée que sa mère lui avait donnée en mourant. Vasilisa palpa la poupée et dit : — Rien qu'à toucher cette poupée, oui, je me sens mieux.

Alors, dès qu'elle se trouvait à la croisée des chemins, Vasilisa plongeait la main dans sa poche et interrogeait la poupée : — Est-ce que je vais à gauche ou est-ce que je vais à droite ?

La poupée lui disait «Oui» ou «Non», «Par ici» ou «Par là». Et Vasilisa lui donnait un peu de son pain et suivait les indications de la poupée.

Soudain, un homme en blanc sur un cheval blanc passa au galop près d'elle et le jour se leva. Plus loin, un homme en rouge passa en flânant sur un cheval rouge et le soleil se leva. Vasilisa marcha et marcha et, au moment même où elle arrivait devant la bicoque de la Baba Yaga, un cavalier tout de noir vêtu passa au trot sur son cheval noir, et s'engouffra dans la hutte de la vieille femme. En un éclair, la nuit tomba. La palissade de crânes et d'os tout autour de la hutte flamboya soudain d'un feu intérieur et la clairière, au cœur de la forêt, fut nimbée d'une clarté magique.

La Baba Yaga, sachez-le, était une créature tout à fait terrifiante. Elle ne voyageait pas en carriole, ou en voiture, mais dans un chaudron qui avait une forme de mortier et qui volait tout seul. Elle dirigeait ce véhicule à l'aide d'une rame en forme de pilon, et effaçait les traces de son passage au moyen d'un balais fait des cheveux de personnes décédées depuis longtemps.

Et le chaudron filait, filait dans le ciel et la crinière graisseuse de la Baba Yaga volait, volait au vent. Son long menton remontait en galoche et son nez était si crochu qu'ils finissaient par se rencontrer. Elle avait une petite barbiche blanche et des verrues à force de tripoter les crapauds. Ses ongles tachés de brun étaient épais et striés comme le sont les toitures, et si recourbés qu'elle ne pouvait pas fermer le poing.

Plus étrange encore était la maison de la Baba Yaga. Elle était montée sur deux énormes pattes de poule jaunes et écailleuses, elle avançait toute seule et de temps en temps, tournait, tournait sur elle-même comme un danseur en extase. Les verrous des portes et des volets étaient faits de doigts et d'orteils humains, le loquet de la porte d'entrée était un groin tout hérissé de crocs pointus.

Vasilisa consulta sa poupée et demanda : — Est-ce la maison que nous cherchons ? La poupée répondit, à sa manière : — Oui, c'est bien celle que tu cherches.

Avant qu'elle n'ait pu faire un pas de plus, la Baba Yaga, dans son chaudron, fondit sur Vasilisa et lui corna aux oreilles : — Que veux-tu ?

La jeune fille trembla. — Grand-mère, je viens pour le feu. Ma maison a froid… les miens vont mourir… Il me faut du feu.

La Baba Yaga glapit : — Oh, ouiiiiii, je vous connais, toi et les tiens. Alors, propre à rien… on laisse mourir le feu. C'est bien la dernière chose à faire. Et toi, qu'est-ce qui te fait croire que je vais te donner la flamme ?

Vasilisa consulta sa poupée et répondit aussitôt : — Parce que je le demande.

Baba Yaga grogna : — Tu as de la chance. C'est la bonne réponse.

Et Vasilisa sut qu'en trouvant la bonne réponse, elle l'avait échappé belle.

La Baba Yaga la menaça : — Je ne peux pas te donner de feu, tant que tu n'as pas accompli un travail pour moi. Si tu réussis ces tâches, tu auras le feu. Sans quoi… Et la fillette vit les yeux de la sorcière se changer en charbons ardents. Sans quoi, mon enfant, tu mourras.

Alors, la Baba Yaga se rua à grand bruit dans sa cabane et se coucha sur son lit en ordonnant à Vasilisa de lui apporter ce qui cuisait dans le four. Dedans, il y avait de quoi nourrir dix personnes, et la Yaga engloutit le tout, sauf un petit croûton et un dé à coudre de soupe qu'elle laissa pour Vasilisa.

— Lave mes hardes, balaie la cour et la maison, prépare-moi à manger, sépare de l'ivraie le bon grain et veille à ce que tout soit en ordre. Je viendrai demain inspecter ton travail. Et si tu n'as pas fini, ce sera toi mon festin. À ces mots, la Baba Yaga s'envola dans son chaudron, son nez pour manche à air et sa chevelure pour gréements. Et de nouveau ce fut la nuit.

Vasilisa fit appel à sa poupée : — Que faire ? Est-ce que j'aurai fini ce travail à temps ? La poupée lui dit qu'elle s'en chargeait, et qu'elle n'avait qu'à grignoter un brin et faire un petit somme. Vasilisa donna quelque chose à manger à la poupée, puis elle s'assoupit.

Quand vint le matin, la poupée avait abattu toute la besogne*, il ne restait plus qu'à mettre le repas à cuire. Le soir, la Yaga revint, et vit que tout était fait. Ravie et furieuse en même temps de ne pas pouvoir la prendre en faute, elle ricana : — Comme vous avez de la chance, mon enfant. Alors, elle fit appel à ses fidèles servantes pour moudre le maïs et trois paires de mains apparurent dans les airs et se mirent à râper et écraser les grains. Dans la maison, la magie remplissait l'air d'une neige d'or. Enfin, tout fut fini et la Baba Yaga s'assit pour manger. Durant des heures et des heures, elle mangea, et, à l'aube, elle ordonna encore à Vasilisa de nettoyer la maison, de balayer la cour et de laver son linge.

La Yaga lui montra alors un grand tas de déchets dans la cour.

— Dans cette pile d'ordures, il y a toute une quantité de graines de pavot, des millions de graines de pavot. Je veux, demain matin, avoir une pile de graines de pavot et une pile d'ordures, parfaitement triées. Compris ?

Vasilisa faillit s'évanouir. « Hélas, pauvre de moi, comment faire ? » Elle plongea sa main dans sa poche et la poupée lui chuchota : — Ne t'en fais pas, je m'en occupe. La nuit tomba et la Baba Yaga partit dormir au loin, d'un grand ronflement pétaradant, et Vasilisa fit de son mieux... pour sortir... les grains de pavot... un à un... des... ordures. Au bout d'un certain temps, la poupée lui dit : — Dors maintenant. Tout ira bien.

Cette fois encore, la poupée accomplit le travail, et quand la vieille femme rentra chez elle, tout était fait. Et la Baba Yaga, sarcastique, nasilla : — Biiiien ! Car si tu n'avais pas fini le tri, quelle infortune ! Elle appela ses fidèles servantes pour presser les graines de pavot et en faire de l'huile ; à nouveau, trois paires de mains apparurent et se mirent au travail.

Tandis que la Yaga se barbouillait les lèvres de la graisse du ragoût*, Vasilisa la regardait. — Et toi, qu'est-ce que tu as, à rester plantée là ? aboya Baba Yaga.

— Est-ce que je peux vous poser quelques questions, Grand-mère ? demanda Vasilisa.

— Pose-les, ordonna la Baba Yaga, mais n'oublie pas : qui trop en sait devient vieux avant l'heure.

Vasilisa l'interrogea au sujet de l'homme blanc sur le cheval blanc.

— Ah ha, dit la Yaga, attendrie mon premier, celui-ci, est mon Jour.

— Et l'homme rouge sur le cheval rouge?

— Ah, lui, c'est mon Soleil Levant.

— Et l'homme noir sur le cheval noir?

— Ah, lui, c'est mon troisième, c'est ma Nuit.

— Je vois, dit Vasilisa.

— Pressons, pressons, mon enfant. D'autres questions? siffla la Baba Yaga.

Vasilisa allait l'interroger au sujet des paires de mains qui apparaissaient et disparaissaient, mais la poupée se mit à faire de petits bonds dans sa poche, alors, au lieu de ça, Vasilisa dit:

— Non, Grand-mère. Vous l'avez dit: qui trop en sait devient vieux avant l'heure.

— Hé, hé, dit la Yaga, en hochant la tête comme un oiseau, tu es plus riche de sagesse que d'années, petite. Et comment se fait-il?

— La bénédiction* de ma mère est sur moi, sourit Vasilisa.

— La bénédiction? grinça la Baba Yaga. La bénédiction? Nous n'avons pas besoin de bénédictions dans cette maison. Tu ferais mieux de t'en aller, ma fille.

Et elle poussa Vasilisa dehors.

— Je vais te dire, enfant. Tiens!

Baba Yaga prit un crâne aux yeux flamboyants sur la palissade et le planta sur un bâton. Tiens! Emporte ce crâne sur ce bâton et rentre chez toi. Prends! Prends ton feu. Ne dis plus un mot. Mets-toi en route.

Vasilisa commença à remercier la Yaga, mais la poupée dans sa poche se remit à faire de petits bonds, et Vasilisa comprit qu'elle devait prendre le feu et la poudre d'escampette. Elle courut jusqu'à sa maison, suivant les tours et les détours de la route, la poupée lui disait quel chemin suivre. Il faisait nuit et Vasilisa traversa la forêt avec le crâne sur son bâton, le feu brillait par ses oreilles, ses yeux, son nez, et sa bouche. Soudain, elle eut si peur de son éclat irréel qu'elle fut sur le point de le jeter au loin, mais le crâne se mit à lui parler et la persuada de se calmer et de continuer à marcher vers la maison de sa belle-mère et de ses demi-sœurs.

Comme Vasilisa approchait à grands pas de sa demeure, sa belle-mère et ses demi-sœurs se mirent à la fenêtre et virent une drôle de lueur dansante qui venait de la forêt. Et voilà qu'elle se dirigeait vers elles. Elles ne pouvaient imaginer ce que c'était. Elles s'étaient mis en tête que, depuis le temps que Vasilisa était partie, elle était forcément morte, que ses os avaient été emportés par des bêtes depuis belle lurette et bon débarras.

Vasilisa se trouvait maintenant tout près de la maison. Et quand la belle-mère et les demi-sœurs virent que c'était elle, elles accoururent, en disant qu'elles n'avaient pas eu de feu depuis son départ, que, malgré tous leurs efforts, elles n'avaient pas réussi à en maintenir un allumé.

Vasilisa fit un retour triomphal, car elle avait survécu aux périls de son voyage et rapporté le feu dans son foyer. Mais le crâne sur le bâton fixait le moindre mouvement des demi-sœurs et de la belle-mère, et sa flamme se mit à les lécher, tant et si bien que, quand vint le matin, il ne restait plus rien du trio maléfique qu'un tas de cendres.

Version du conte russe « Vasilisa ».
In *Women who run with the Wolves*.
© Random House.

George Sand

LA FÉE AUX GROS YEUX

Elsie avait une gouvernante* irlandaise fort singulière. C'était la meilleure personne qui fût au monde, mais quelques animaux lui étaient antipathiques à ce point qu'elle entrait dans de véritables fureurs contre eux. Si une chauve-souris pénétrait le soir dans l'appartement, elle faisait des cris ridicules et s'indignait contre les personnes qui ne couraient pas sus à la pauvre bête. Comme beaucoup de gens éprouvent de la répugnance pour les chauves-souris, on n'eût pas fait grande attention à la sienne, si elle ne se fût étendue à de charmants oiseaux, les fauvettes, les rouges-gorges, les hirondelles et autres insectivores, sans en excepter les rossignols, qu'elle traitait de cruelles bêtes. Elle s'appelait miss Barbara★★★, mais on lui avait donné le surnom de *fée aux gros yeux*; *fée*, parce qu'elle était très savante et très mystérieuse; *aux gros yeux*, parce qu'elle avait d'énormes yeux clairs saillants et bombés, que la malicieuse Elsie comparait à des bouchons de carafe.

Elsie ne détestait pourtant pas sa gouvernante, qui était pour elle l'indulgence* et la patience mêmes : seulement, elle s'amusait de ses bizarreries et surtout de sa prétention à voir mieux que les autres, bien qu'elle eût pu gagner le grand prix de myopie au concours de la circonscription. Elle ne se doutait pas de la présence des objets, à moins qu'elle ne les touchât avec son nez, qui par malheur était des plus courts.

Un jour qu'elle avait donné du front dans une porte à demi ouverte, la mère d'Elsie lui avait dit :

— Vraiment, à quelque jour, vous vous ferez grand mal ! Je vous assure, ma chère Barbara, que vous devriez porter des lunettes.

Barbara lui avait répondu avec vivacité :

— Des lunettes, moi ? Jamais ! je craindrais de me gâter la vue !

Et comme on essayait de lui faire comprendre que sa vue ne pouvait pas devenir plus mauvaise, elle avait répliqué, sur un ton de conviction triomphante, qu'elle ne changerait avec qui que ce soit *les trésors de sa vision*. Elle voyait les plus petits objets comme les autres avec les loupes les plus fortes ; ses yeux étaient deux lentilles de microscope qui lui révélaient à chaque instant des merveilles inappréciables aux autres. Le fait est qu'elle comptait les fils de la plus fine batiste et les mailles des tissus les plus déliés, là où Elsie, qui avait ce qu'on appelle de bons yeux, ne voyait absolument rien.

Longtemps on l'avait surnommée *miss Frog* (grenouille), et puis on l'appela *miss Maybug* (hanneton), parce qu'elle se cognait partout ; enfin, le nom de fée aux gros yeux prévalut, parce qu'elle était trop instruite et trop intelligente pour être comparée à une bête, et aussi parce que tout le monde, en voyant les découpures et les broderies merveilleuses qu'elle savait faire, disait :

— C'est une véritable fée !

Barbara ne semblait pas indifférente à ce compliment, et elle avait coutume de répondre :

— Qui sait ? Peut-être ! peut-être !

Un jour, Elsie lui demanda si elle disait sérieusement une pareille chose, et miss Barbara répéta d'un air malin :

— Peut-être, ma chère enfant, peut-être !

Il n'en fallut pas davantage pour exciter la curiosité d'Elsie ; elle ne croyait plus aux fées, car elle était déjà grandelette, elle avait bien douze ans. Mais elle regrettait fort de n'y plus croire, et il n'eût pas fallu la prier beaucoup pour qu'elle y crût encore.

Le fait est que miss Barbara avait d'étranges habitudes. Elle ne mangeait presque rien et ne dormait presque pas. On n'était même pas bien certain qu'elle dormît, car on n'avait jamais vu son lit défait. Elle disait qu'elle le refaisait elle-même chaque jour, de grand matin, en s'éveillant, parce qu'elle ne pouvait dormir que dans un lit dressé à sa guise. Le soir, aussitôt qu'Elsie quittait le salon en compagnie de sa bonne qui couchait auprès d'elle, miss Barbara se retirait avec empressement dans le pavillon qu'elle avait choisi et demandé pour logement, et on assurait qu'on y voyait de la lumière jusqu'au jour. On prétendait même que, la nuit, elle se promenait avec une petite lanterne en parlant tout haut avec des êtres invisibles.

La bonne d'Elsie en disait tant, qu'un beau soir, Elsie éprouva un irrésistible désir de savoir ce qui se passait chez sa gouvernante et de surprendre les mystères du pavillon.

Mais comment oser aller la nuit dans un pareil endroit ? Il fallait faire au moins deux cents pas à travers un massif de lilas que couvrait un grand cèdre, suivre sous ce double ombrage une allée étroite, sinueuse et toute noire !

— Jamais, pensa Elsie, je n'aurai ce courage-là.

Les sots propos des bonnes l'avaient rendue peureuse. Aussi ne s'y hasarda-t-elle pas. Mais elle se risqua pourtant le lendemain à questionner Barbara sur l'emploi de ses longues veillées.

— Je m'occupe, répondit tranquillement la fée aux gros yeux. Ma journée entière vous est consacrée ; le soir m'appartient. Je l'emploie à travailler pour mon compte.

— Vous ne savez donc pas tout, que vous étudiez toujours ?

— Plus on étudie, mieux on voit qu'on ne sait rien encore.
— Mais qu'est-ce que vous étudiez donc tant? Le latin? le grec?
— Je sais le grec et le latin. C'est autre chose qui m'occupe.
— Quoi donc? Vous ne voulez pas le dire?
— Je regarde ce que moi seule je peux voir.
— Vous voyez quoi?
— Permettez-moi de ne pas vous le dire; vous voudriez le voir aussi, et vous ne pourriez pas ou vous le verriez mal, ce qui serait un chagrin pour vous.
— C'est donc bien beau, ce que vous voyez?
— Plus beau que tout ce que vous avez vu et verrez jamais de beau dans vos rêves.
— Ma chère miss Barbara, faites-le-moi voir, je vous en supplie!
— Non, mon enfant, jamais! Cela ne dépend pas de moi.
— Eh bien, je le verrai! s'écria Elsie dépitée. J'irai la nuit chez vous, et vous ne me mettrez pas dehors.
— Je ne crains pas votre visite, vous n'oseriez jamais venir!
— Il faut donc du courage pour assister à vos sabbats?
— Il faut de la patience et vous en manquez absolument.

Elsie prit de l'humeur et parla d'autre chose. Puis elle revint à la charge et tourmenta si bien la fée, que celle-ci promit de la conduire le soir à son pavillon, mais en l'avertissant qu'elle ne verrait rien ou ne comprendrait rien à ce qu'elle verrait.

Voir! voir quelque chose de nouveau, d'inconnu, quelle soif, quelle émotion pour une petite fille curieuse! Elsie n'eut pas d'appétit à dîner, elle bondissait involontairement sur sa chaise, elle comptait les heures, les minutes. Enfin, après les occupations de la soirée, elle obtint de sa mère la permission de se rendre au pavillon avec sa gouvernante.

À peine étaient-elles dans le jardin qu'elles firent une rencontre dont miss Barbara parut fort émue. C'était pourtant un homme d'apparence très inoffensive que M. Bat, le précepteur des frères d'Elsie. Il n'était pas beau ; maigre, très brun, les oreilles et le nez pointus, et toujours vêtu de noir de la tête aux pieds, avec des habits à longues basques, très pointues aussi. Il était timide, craintif même ; hors de ses leçons, il disparaissait comme s'il eût éprouvé le besoin de se cacher. Il ne parlait jamais à table, et le soir, en attendant l'heure de présider au coucher de ses élèves, il se promenait en rond sur la terrasse du jardin, ce qui ne faisait de mal à personne, mais paraissait être l'indice d'une tête sans réflexion livrée à une oisiveté stupide. Miss Barbara n'en jugeait pas ainsi. Elle avait M. Bat en horreur, d'abord à cause de son nom qui signifie chauve-souris en anglais. Elle prétendait que, quand on a le malheur de porter un pareil nom, il faut s'expatrier afin de pouvoir s'en attribuer un autre en pays étranger. Et puis elle avait toute sorte de préventions contre lui, elle lui en voulait d'être de bon appétit, elle le croyait vorace* et cruel. Elle assurait que ses bizarres promenades en rond dénotaient les plus funestes inclinations et cachaient les plus sinistres desseins.

Aussi, lorsqu'elle le vit sur la terrasse, elle frissonna. Elsie sentit trembler son bras auquel le sien s'était accroché. Qu'y avait-il de surprenant à ce que M. Bat, qui aimait le grand air, fût dehors jusqu'au moment de la retraite de ses élèves, qui se couchaient plus tard qu'Elsie, la plus jeune des trois ? Miss Barbara n'en fut pas moins scandalisée, et, en passant près de lui, elle ne put se retenir de lui dire d'un ton sec :

— Est-ce que vous comptez rester là toute la nuit ?

M. Bat fit un mouvement pour s'enfuir ; mais, craignant d'être impoli, il s'efforça pour répondre et répondit sous forme de question :

— Est-ce que ma présence gêne quelqu'un, et désire-t-on que je rentre ?

— Je n'ai pas d'ordres à vous donner, reprit Barbara avec aigreur, mais il m'est permis de croire que vous seriez mieux au parloir avec la famille.

— Je suis mal au parloir, répondit modestement le précepteur, mes pauvres yeux y souffrent cruellement de la chaleur et de la vive clarté des lampes.

— Ah ! vos yeux craignent la lumière ? J'en étais sûre ! Il vous faut tout au plus le crépuscule ? Vous voudriez pouvoir voler en rond toute la nuit ?

— Naturellement ! répondit le précepteur en s'efforçant de rire pour paraître aimable : ne suis-je pas une *bat* ?

— Il n'y a pas de quoi se vanter ! s'écria Barbara en frémissant de colère.

Et elle entraîna Elsie, interdite, dans l'ombre épaisse de la petite allée.

— Ses yeux, ses pauvres yeux ! répétait Barbara en haussant convulsivement les épaules ; attends que je te plaigne, animal féroce !

— Vous êtes bien dure pour ce pauvre homme, dit Elsie. Il a vraiment la vue sensible au point de ne plus voir du tout aux lumières.

— Sans doute, sans doute ! Mais comme il prend sa revanche dans l'obscurité ! C'est un nyctalope* et, qui plus est, un presbyte.

Elsie ne comprit pas ces épithètes, qu'elle crut déshonorantes et dont elle n'osa pas demander l'explication. Elle était encore dans l'ombre de l'allée qui ne lui plaisait nullement et voyait enfin s'ouvrir devant elle le sombre berceau au fond duquel apparaissait le pavillon blanchi par un clair regard de la lune à son lever, lorsqu'elle recula en forçant miss Barbara à reculer aussi.

— Qu'y a-t-il ? dit la dame aux gros yeux, qui ne voyait rien du tout.

— Il y a... il n'y a rien, répondit Elsie embarrassée. Je voyais un homme noir devant nous, et, à présent, je distingue M. Bat qui passe devant la porte du pavillon. C'est lui qui se promène dans votre parterre.

— Ah ! s'écria miss Barbara indignée, je devais m'y attendre. Il me poursuit, il m'épie*, il prétend dévaster mon ciel ! Mais ne craignez rien, chère Elsie, je vais le traiter comme il le mérite.

Elle s'élança en avant.

— Ah ça, monsieur, dit-elle en s'adressant à un gros arbre sur lequel la lune projetait l'ombre des objets, quand cessera la persécution dont vous m'obsédez ?

Elle allait faire un beau discours, lorsque Elsie l'interrompit en l'entraînant vers la porte du pavillon et en lui disant :

— Chère miss Barbara, vous vous trompez, vous croyez parler à M. Bat et vous parlez à votre ombre. M. Bat est déjà loin, je ne le vois plus et je ne pense pas qu'il ait eu l'idée de nous suivre.

— Je pense le contraire, moi, répondit la gouvernante. Comment vous expliquez-vous qu'il soit arrivé ici avant nous, puisque nous l'avions laissé derrière et ne l'avons ni vu ni entendu passer à nos côtés ?

— Il aura marché à travers les plates-bandes, reprit Elsie ; c'est le plus court chemin et c'est celui que je prends souvent quand le jardinier ne me regarde pas.

— Non, non ! dit miss Barbara avec angoisse, il a pris par-dessus les arbres. Tenez, vous qui voyez loin, regardez au-dessus de votre tête ! Je parie qu'il rôde devant mes fenêtres !

La Fée aux gros yeux ◆ **129**

Elsie regarda et ne vit rien que le ciel, mais, au bout d'un instant, elle vit l'ombre mouvante d'une énorme chauve-souris passer et repasser sur les murs du pavillon. Elle n'en voulut rien dire à miss Barbara, dont les manies l'impatientaient en retardant la satisfaction de sa curiosité. Elle la pressa d'entrer chez elle en lui disant qu'il n'y avait ni chauve-souris ni précepteur pour les épier.

— D'ailleurs, ajouta-t-elle, en entrant dans le petit parloir du rez-de-chaussée, si vous êtes inquiète, nous pourrons fort bien fermer la fenêtre et les rideaux.

— Voilà qui est impossible! répondit Barbara. Je donne un bal et c'est par la fenêtre que mes invités doivent se présenter chez moi.

— Un bal! s'écria Elsie stupéfaite, un bal dans ce petit appartement? des invités qui doivent entrer par la fenêtre? Vous vous moquez de moi, miss Barbara.

— Je dis un bal, un grand bal, répondit Barbara en allumant une lampe qu'elle posa sur le bord de la fenêtre; des toilettes magnifiques, un luxe inouï!

— Si cela est, dit Elsie ébranlée par l'assurance de sa gouvernante, je ne puis rester ici dans le pauvre costume où je suis. Vous eussiez dû m'avertir, j'aurais mis ma robe rose et mon collier de perles.

— Oh! ma chère, répondit Barbara en plaçant une corbeille de fleurs à côté de la lampe, vous auriez beau vous couvrir d'or et de pierreries, vous ne feriez pas le moindre effet à côté de mes invités.

Elsie un peu mortifiée garda le silence et attendit. Miss Barbara mit de l'eau et du miel dans une soucoupe en disant:

— Je prépare les rafraîchissements.

Puis, tout à coup, elle s'écria:

— En voici un! c'est la princesse *Nepticula marginicollella* avec sa tunique de velours noire avec une longue frange. Présentons-lui une feuille d'orme, c'est le palais de ses ancêtres où elle a vu le jour. Attendez! Donnez-moi cette feuille de pommier pour sa cousine germaine, la belle *Malella*, dont la robe noire a des lames d'argent et dont la jupe frangée est d'un blanc nacré. Donnez-moi du genêt en fleur, pour réjouir les yeux de ma chère *Cemiostoma spartifoliella*, qui approche avec sa toilette blanche à ornements noir et or. Voici des roses pour vous, marquise *Nepticula centifoliella*. Regardez, chère Elsie! admirez cette tunique grenat brodée d'argent. Et ces deux illustres lavernides: *Linneella*, qui porte sur sa robe une écharpe orange brodée d'or, tandis que *Schranckella* a l'écharpe orange lamée d'argent. Quel goût, quelle harmonie dans ces couleurs voyantes adoucies par le velouté des étoffes, la transparence des franges soyeuses et l'heureuse répartition des quantités! L'adélide *Pazerella* est toute en drap d'or bordé de noir, sa jupe est lilas à frange d'or. Enfin, la pyrale *Rosella* que voici, et qui est une des plus simples, a la robe de dessous d'un rose vif teintée de blanc sur les bords. Quel heureux effet produit sa robe de dessous d'un brun clair! Elle n'a qu'un défaut, c'est d'être un peu grande; mais voici venir une troupe de véritables mignonnes exquises. Ce sont des tinéines vêtues de brun et semées de diamants, d'autres blanches avec des perles sur de la gaze. *Dispunctella* a dix gouttes d'or sur sa robe d'argent. Voici de très grands personnages d'une taille relativement imposante: c'est la famille des adélides avec leurs antennes vingt fois plus longues que leur corps, et leur vêtement d'or à reflets rouges ou violets qui rappellent la parure des plus beaux colibris. Et, à présent, voyez! voyez la foule qui se presse! il en viendra encore, et toujours! et vous, vous ne saurez laquelle de ces reines du soir admirer le plus pour la splendeur de son costume et le goût exquis de sa toilette. Les moindres détails du corsage, des antennes et des pattes sont d'une délicatesse inouïe et je ne pense pas que vous ayez jamais vu nulle part de créatures aussi parfaites. À présent, remarquez la grâce de leurs mouvements, la folle et charmante précipitation de leur vol, la souplesse de leurs antennes qui est un langage, la gentillesse de leurs attitudes. N'est-ce pas, Elsie, que c'est là une fête inénarrable, et que toutes les autres créatures sont laides, monstrueuses et méchantes en comparaison de celles-ci ?

— Je dirai tout ce que vous voudrez pour vous faire plaisir, répondit Elsie désappointée, mais la vérité est que je ne vois rien ou presque rien de ce que vous me décrivez avec tant d'enthousiasme. J'aperçois bien autour de ces fleurs et de cette lampe, des vols de petits papillons microscopiques, mais je distingue à peine des points brillants et des points noirs, et je crains que vous ne puisiez dans votre imagination les splendeurs dont il vous plaît de les revêtir.

— Elle ne voit pas ! elle ne distingue pas ! s'écria douloureusement la fée aux gros yeux. Pauvre petite ! j'en étais sûre ! Je vous l'avais bien dit, que votre infirmité vous priverait des joies que je savoure ! Heureusement, j'ai su compatir à la débilité de vos organes ; voici un instrument dont je ne me sers jamais, moi, et que j'ai emprunté pour vous à vos parents. Prenez et regardez.

Elle offrait à Elsie une forte loupe, dont, faute d'habitude, Elsie eut quelque peine à se servir. Enfin, elle réussit, après une certaine fatigue, à distinguer la réelle et surprenante beauté d'un de ces petits êtres ; elle en fixa un autre et vit que miss Barbara ne l'avait pas trompée : l'or, la pourpre, l'améthyste, le grenat, l'orange, les perles et les roses se condensaient en ornements symétriques sur les manteaux et les robes de ces imperceptibles personnages. Elsie demandait naïvement pourquoi tant de richesse et de beauté étaient prodiguées à des êtres qui vivent tout au plus quelques jours et qui volent la nuit, à peine saisissables, au regard de l'homme.

— Ah! voilà! répondit en riant la fée aux gros yeux. Toujours la même question! Ma pauvre Elsie, les grandes personnes la font aussi, c'est-à-dire qu'elles n'ont, pas plus que les enfants, l'idée saine des lois de l'univers. Elles croient que tout a été créé pour l'homme et que ce qu'il ne voit pas ou ne comprend pas, ne devrait pas exister. Mais moi, la fée aux gros yeux, comme on m'appelle, je sais que ce qui est simplement beau est aussi important que ce que l'homme utilise, et je me réjouis quand je contemple des choses ou des êtres merveilleux dont personne ne songe à tirer parti. Mes chers petits papillons sont répandus par milliers de milliards sur la terre, ils vivent modestement en famille sur une petite feuille, et personne n'a encore eu l'idée de les tourmenter.

— Fort bien, dit Elsie, mais les oiseaux, les fauvettes et les rossignols s'en nourrissent, sans compter les chauves-souris!

— Les chauves-souris! Ah! vous m'y faites songer! La lumière qui attire mes pauvres petits amis et qui me permet de les contempler, attire aussi ces horribles bêtes qui rôdent des nuits entières, la gueule ouverte, avalant tout ce qu'elles rencontrent. Allons, le bal est fini, éteignons cette lampe. Je vais allumer ma lanterne, car la lune est couchée, et je vais vous reconduire au château.

Comme elles descendaient les marches du petit perron du pavillon:

— Je vous l'avais bien dit, Elsie, ajouta miss Barbara, vous avez été déçue dans votre attente, vous n'avez vu qu'imparfaitement mes petites fées de la nuit et leur danse fantastique autour de mes fleurs. Avec la loupe, on ne voit qu'un objet à la fois, et, quand cet objet est un être vivant, on ne le voit qu'au repos. Moi, je vois tout mon cher petit monde à la fois, je ne perds rien de ses allures et de ses fantaisies. Je vous en ai montré fort peu aujourd'hui. La soirée était trop fraîche et le vent ne donnait pas du bon côté. C'est dans les nuits d'orage que j'en vois des milliers se réfugier chez moi, ou que je les surprends dans leurs abris de feuillage et de fleurs. Je vous en ai nommé quelques-uns, mais il y en a une multitude d'autres qui, selon la saison, éclosent à une courte existence d'ivresse, de parure et de fêtes. On ne les connaît pas tous, bien que certaines personnes savantes et patientes les étudient avec soin et que l'on ait publié de gros livres où ils sont admirablement représentés avec un fort grossissement pour les yeux faibles ; mais ces livres ne suffisent pas, et chaque personne bien douée et bien intentionnée peut grossir le catalogue acquis à la science par des découvertes et des observations nouvelles. Pour ma part, j'en ai trouvé un grand nombre qui n'ont encore ni leurs noms ni leurs portraits publiés, et je m'ingénie à réparer à leur profit l'ingratitude ou le dédain de la science. Il est vrai qu'ils sont si petits, si petits, que peu de personnes daigneront les observer.

— Est-ce qu'il y en a de plus petits que ceux que vous m'avez montrés ? dit Elsie, qui voyant miss Barbara arrêtée sur le perron, s'était appuyée sur la rampe.

Elsie avait veillé plus tard que de coutume, elle n'avait pas eu toute la surprise et tout le plaisir qu'elle se promettait et le sommeil commençait à la gagner.

— Il y a des êtres infiniment petits, dont on ne devrait pas parler sans respect, répliqua miss Barbara, qui ne faisait pas attention à la fatigue de son élève. Il y en a qui échappent au regard de l'homme et aux plus forts grossissements des instruments. Du moins, je le présume et je le crois, moi qui en vois plus que la plupart des gens n'en peuvent voir. Qui peut dire à quelles dimensions, apparentes pour nous, s'arrête la vie universelle ? Qui nous prouve que les puces n'ont pas des puces, lesquelles nourrissent à leur tour des puces qui en nourrissent d'autres, et ainsi jusqu'à l'infini ? Quant aux papillons, puisque les plus petits que nous puissions apercevoir sont incontestablement plus beaux que les gros, il n'y a pas de raison pour qu'il n'en existe pas une foule d'autres encore plus beaux et plus petits dont les savants ne soupçonnent jamais l'existence.

Miss Barbara en était là de sa démonstration, sans se douter qu'Elsie, qui s'était laissée glisser sur les marches du perron, dormait de tout son cœur, lorsqu'un choc inattendu souleva brusquement la petite lanterne des mains de la gouvernante et fit tomber cet objet sur les genoux d'Elsie réveillée en sursaut.

— Une chauve-souris ; une chauve-souris ! s'écria Barbara éperdue en cherchant à ramasser la lanterne éteinte et brisée.

Elsie s'était vivement levée sans savoir où elle était.

— Là ! là ! criait Barbara, sur votre jupe, l'horrible bête est tombée aussi, je l'ai vue tomber, elle est sur vous !

Elsie n'avait pas peur des chauves-souris, mais elle savait que, si un choc léger les étourdit, elles ont de bonnes petites dents pour mordre, quand on veut les prendre, et, avisant un point noir sur sa robe, elle le saisit dans son mouchoir en disant :

— Je la tiens, tranquillisez-vous, miss Barbara, je la tiens bien !

— Tuez-la, étouffez-la, Elsie ! Serrez bien fort, étouffez ce mauvais génie, cet affreux précepteur qui me persécute !

Elsie ne comprenait plus rien à la folie de sa gouvernante ; elle n'aimait pas à tuer et trouvait les chauves-souris fort utiles, vu qu'elles détruisent une multitude de cousins et d'insectes nuisibles. Elle secoua son mouchoir instinctivement pour faire échapper le pauvre animal; mais quelle fut sa surprise, quelle fut sa frayeur en voyant M. Bat s'échapper du mouchoir et s'élancer sur miss Barbara, comme s'il eût voulu la dévorer!

Elsie s'enfuit à travers les plates-bandes, en proie à une terreur invincible. Mais, au bout de quelques instants, elle fut prise de remords, se retourna et revint sur ses pas pour porter secours à son infortunée gouvernante. Miss Barbara avait disparu et la chauve-souris volait en rond autour du pavillon.

— Mon Dieu! s'écria Elsie désespérée, cette bête cruelle a avalé ma pauvre fée! Ah! si j'avais su, je ne lui aurais pas sauvé la vie!

La chauve-souris disparut et M. Bat se trouva devant Elsie.

— Ma chère enfant, lui dit-il, c'est bien et c'est raisonnable de sauver la vie à de pauvres persécutés. Ne vous repentez pas d'une bonne action, miss Barbara n'a eu aucun mal. En l'entendant crier, j'étais accouru, vous croyant l'une et l'autre menacées de quelque danger sérieux. Votre gouvernante s'est réfugiée et barricadée chez elle en m'accablant d'injures que je ne mérite pas. Puisqu'elle vous abandonne à ce qu'elle regarde comme un grand péril, voulez-vous me permettre de vous reconduire à votre bonne, et n'aurez-vous point peur de moi?

— Vraiment, je n'ai jamais eu peur de vous, monsieur Bat, répondit Elsie, vous n'êtes point méchant, mais vous êtes fort singulier.

— Singulier, moi? Qui peut vous faire penser que j'aie une singularité quelconque?

— Mais... je vous ai tenu dans mon mouchoir tout à l'heure, monsieur Bat, et permettez-moi de vous dire que vous vous exposiez beaucoup, car, si j'avais écouté miss Barbara, c'était fait de vous!

— Chère miss Elsie, répondit le précepteur en riant, je comprends maintenant ce qui s'est passé et je vous bénis de m'avoir soustrait à la haine de cette pauvre fée, qui n'est pas méchante non plus, mais qui est bien plus singulière que moi!

Quand Elsie eut bien dormi, elle trouva fort invraisemblable que M. Bat eût le pouvoir de devenir homme ou bête à volonté. À déjeuner, elle remarqua qu'il avalait avec délices des tranches de bœuf saignant, tandis que miss Barbara ne prenait que du thé. Elle en conclut que le précepteur n'était pas homme à se régaler de *micros*, et que la gouvernante suivait un régime propre à entretenir ses vapeurs.

Olivier KA

LE POIL

Fine avait étudié durant près de deux siècles avant de quitter la Grande École des Fées, couronnée du plus prestigieux* diplôme qu'offrait l'établissement, celui de Protectrice. C'était une fée appliquée, précieuse, portant une grande attention à son allure, à son physique et à son attitude, à tel point que ses camarades de classe l'avaient depuis longtemps surnommée La Bourgeoise. Il est vrai que Fine ne se serait jamais montrée sans une touche de maquillage, qu'elle prenait un soin particulier à l'harmonie de ses vêtements et qu'elle n'avait jamais prononcé un gros mot de sa vie, en tout cas en public. Elle se targuait d'être impeccable en toute circonstance et elle était sans conteste la fée la mieux tenue de son école.

Le statut de Protectrice la ravissait d'autant plus qu'il était la promesse de quitter le monde des fées pour celui des humains. On disait tant de choses sur les humains ; qu'ils étaient beaux, intelligents, tendres et délicats. Au Grand Conseil, elle fit le serment d'accompagner, d'aider et de choyer* les hommes. Peu de temps après, elle disparut du monde des fées pour se matérialiser quelque part, au sein d'une gigantesque cité peuplée d'humains.

Sa première impression fut euphorisante*. Il y avait ici tant de couleurs, de mouvements, de lumières ! Les immeubles étaient si hauts, et les humains si grands et si nombreux qu'elle fut rapidement prise de vertiges. Elle se sentait écrasée par leur imposante taille. En comparaison, Fine était aussi petite que le pouce d'un enfant.

Elle se posa sur le capot d'une voiture en stationnement et observa les gens passer devant elle durant un long moment, en se demandant ce qu'elle pourrait bien faire pour améliorer ce monde proche de la perfection.

C'est alors qu'elle le vit. Aussitôt, elle comprit quelle serait sa mission. L'homme était superbe, élancé, il marchait d'un pas souple et énergique, laissant flotter derrière lui les pans d'un long manteau de cuir. Les traits de son visage étaient fins, ses cheveux noirs joliment coupés, il était idéal à un seul détail prêt : un poil dépassait de son nez. Une autre fée ne l'aurait sans doute pas remarqué, mais Fine avait un sens de l'esthétique si développé que ce minuscule défaut lui sauta aux yeux.

Elle ne pouvait pas le laisser partir comme ça, avec son poil de nez qui dépassait ! Fine se remit debout et battit des ailes jusqu'au visage du bel inconnu. Elle voleta un instant autour de sa tête en prenant garde de ne pas l'effleurer. Car si les hommes étaient incapables de distinguer les fées, ils pouvaient en revanche sentir leurs attouchements, et Fine n'avait pas envie d'être balayée comme un vulgaire insecte.

L'homme s'arrêta devant un passage pour piétons. C'était le moment ou jamais d'entrer en action. Avec mille précautions, Fine s'approcha du nez de l'humain. Tout en flottant dans les airs, elle posa la main sur l'indésirable poil noir et le repoussa à l'intérieur de la narine. À peine l'avait-elle lâché que le poil se déplia et sortit à nouveau. Fine recommença, mais ce fut inutile : le poil rebelle ne voulait absolument pas tenir en place.

Dans ce cas, il n'y avait pas trente-six solutions. Fine l'empoigna fermement et tira de toutes ses forces. La racine ne résista pas longtemps et la fée arracha le poil. L'homme poussa un petit cri de douleur et se plaqua la main sur le nez. Fine n'avait pas eu le temps de s'écarter et elle fut propulsée à l'intérieur de la narine.

Le Poil ◆ **139**

Horreur ! Coincée dans cette cavité sombre et parsemée de poils, Fine fut prise de panique. Elle se débattit, agita les bras, les jambes et les ailes dans l'espoir de se dégager de là. Ses mouvements chatouillèrent l'homme, qui aspira une grand bouffée d'air avant d'éternuer bruyamment. La petite fée fut éjectée hors de la narine à la manière d'un boulet de canon, pour aller frapper le rétroviseur d'une voiture à l'arrêt. Étourdie, elle recula et eut un hoquet de surprise en découvrant son reflet dans le miroir du rétroviseur. Elle était souillée, de la tête aux pieds, par une humeur* visqueuse qui s'était trouvée dans le nez de l'homme. Ses cheveux étaient poisseux et ses vêtements gluants, sa peau collait et son maquillage avait foutu le camp.

Son goût pour les choses soignées et son sens exacerbé de l'esthétique en prirent un sacré coup. Vexée jusqu'aux tréfonds de son être, Fine plana pour atterrir dans le caniveau, où s'écoulait une eau trouble. Cela lui donna envie de vomir mais elle n'avait pas le choix : elle devait absolument se nettoyer.

Deux siècles d'études pour en arriver là, ça valait bien la peine, tiens ! Elle leva les yeux vers les passants, qui la croisaient sans la voir. Là, un homme avait d'affreuses pellicules sur les épaules. Ici, une femme avait une crotte au coin de l'œil. Celui-là portait sa cravate de traviole. Un enfant avait du chocolat autour de la bouche. Fine soupira longuement. Le cœur lourd et la gorge serrée, elle battit des ailes et quitta le bitume.

Une jeune fille reçut une goutte d'eau sur la joue. Elle leva les yeux au ciel, mais n'aperçut aucun nuage. Elle s'essuya d'un revers de manche et, sans en avoir conscience, fit disparaître une larme de fée.

© Olivier KA, 2002.

Robert Bloch

UN BONBON
POUR UNE BONNE PETITE

Avec ses traits menus et réguliers, son teint de lis et de rose, ses yeux bleus, ses cheveux blond cendré, Irma ne ressemblait en rien à une sorcière.

De plus, elle n'avait que huit ans.

«Pourquoi la taquine-t-il ainsi? dit miss Pall d'une voix entrecoupée de sanglots. C'est pour ça qu'elle s'est mis cette idée dans la tête – parce qu'il la traite tout le temps de petite sorcière.»

Sam Steever se carra dans son fauteuil de bureau aux ressorts fatigués, et croisa ses lourdes mains sur ses genoux, que surplombait une panse* respectable. En bon avoué* qu'il était, il gardait un visage impassible, mais, en fait, il se sentait fort mal à l'aise.

«Des femmes comme Miss Pall ne devraient jamais sangloter, songeait-il. Leurs lunettes tressautent, leur nez se fronce, leurs paupières ridées rougissent, leurs cheveux raides s'ébouriffent.»

— Je vous en prie, calmez-vous, mademoiselle, déclara-t-il d'un ton apaisant. Si nous pouvions discuter cette affaire sans passion…

— Ça m'est égal! s'exclama miss Pall en reniflant. Je ne reviendrai pas dans cette maison. Je ne peux plus supporter cet état de choses. D'ailleurs, je ne peux rien faire. M. John Steever est votre frère, et Irma est sa fille. Moi, je dégage ma responsabilité. J'ai essayé…

◆ 141

— Bien sûr, bien sûr, dit Sam Steever en arborant un sourire rassurant, comme si Miss Pall eût été président de jury. Je comprends tout cela, chère mademoiselle, mais je ne vois pas pourquoi vous êtes bouleversée à ce point.

Miss Pall ôta ses lunettes et se tamponna les yeux avec un mouchoir parsemé de fleurs. Puis elle plaça la boule de toile humide dans son sac qu'elle referma avec un bruit sec, remit ses lunettes et se redressa sur son siège.

— Très bien, monsieur Steever, déclara-t-elle. Je vais faire de mon mieux pour vous exposer les motifs qui me poussent à quitter le service de votre frère. Elle réprima un reniflement attardé. Comme vous le savez, je me suis présentée chez M. John il y a deux ans, sur la foi d'une annonce demandant une femme de charge. Quand je m'aperçus que je devais être la gouvernante d'une petite fille de six ans, orpheline de sa mère, je me trouvai dans un extrême embarras car j'ignore tout de la façon dont on élève les enfants.

— John avait eu une nurse jusqu'alors. Vous n'ignorez pas que la mère d'Irma est morte en couches.

— Je ne l'ignore pas, en effet, répliqua Miss Pall d'un air pincé. Naturellement, on se prend d'affection et de pitié pour une fillette livrée à elle-même. Vous ne sauriez imaginer combien cette pauvre petite était seule, monsieur Steever! Si vous l'aviez vue en train de languir dans cette grande maison si vieille et si laide!…

— Je l'ai vue, mademoiselle, se hâta de dire Sam Steever, dans l'espoir de prévenir une autre crise de sanglots. Et je sais ce que vous avez fait pour elle. Mon frère est enclin à l'indifférence, parfois même à l'égoïsme. Il y a des choses dont il n'a pas conscience.

— Il est cruel! s'exclama Miss Pall avec une brusque véhémence*. Cruel et pervers. Il a beau être votre frère, ça ne m'empêchera pas d'affirmer que c'est un père indigne. Quand je suis arrivée chez lui, la petite avait les bras pleins de bleus. Il prenait une ceinture et…

— Mais oui, mais oui… Voyez-vous, miss, je crois que John ne s'est jamais remis de la mort de sa femme. C'est pourquoi j'ai été très heureux de votre arrivée chez lui. J'espérais que vous arrangeriez la situation.

— J'ai essayé, dit Miss Pall en pleurnichant. Vous savez bien que j'ai fait tout mon possible. Pendant deux ans, je n'ai jamais levé la main sur cette petite, quoique votre frère m'ait souvent invitée à la punir. «Flanquez donc une raclée à cette petite sorcière, me disait-il, ça lui fera le plus grand bien.» Alors, la pauvre enfant se cachait derrière moi et me demandait à voix basse de la protéger. Mais elle ne pleurait pas, monsieur Steever. En vérité, je ne l'ai jamais vue pleurer.

Sam Steever sentait naître en lui une vague irritation. Cette entrée en matière l'ennuyait prodigieusement, et il souhaitait que la vieille pie en arrivât au but de sa visite sans plus attendre. En conséquence, il lui adressa un sourire tout sucre et tout miel, et lui dit :

— Mais quel est au juste le problème qui vous tourmente, chère miss ?

— Au début, tout a très bien marché. Irma et moi, nous nous sommes entendues à merveille. J'ai voulu lui apprendre à lire, mais je me suis aperçue avec étonnement qu'elle savait déjà. Votre frère affirmait ne lui avoir jamais rien enseigné, et pourtant elle passait des heures pelotonnée sur le divan, plongée dans un livre. «Ça lui ressemble bien, disait-il. Cette petite sorcière n'est pas normale. Elle ne joue jamais avec les autres enfants. Fichue petite sorcière!» Voilà ce qu'il répétait sans arrêt, monsieur Steever. Comme s'il avait parlé d'une espèce de... je ne sais quoi. Alors qu'Irma est si douce, si sage, si jolie !

» Ça n'avait rien d'étonnant qu'elle aime la lecture. Moi-même j'étais comme elle dans mon enfance, parce que... mais peu importe.

» N'empêche que ça m'a donné un coup le jour où je l'ai trouvée avec un volume de l'Encyclopédie Britannique sous les yeux. « Qu'est-ce que tu es en train de lire, Irma ? » lui ai-je demandé. Elle me l'a fait voir : c'était l'article sur la sorcellerie.

» Cela vous montre quelles pensées morbides votre frère a inculquées dans l'esprit de cette pauvre enfant.

» Une fois encore, j'ai fait de mon mieux. Je lui ai acheté des jouets : elle n'en avait pas un seul, pas même une poupée ! Figurez-vous, monsieur, qu'elle ne savait pas jouer ! J'ai essayé de la mettre en rapport avec des fillettes du voisinage, mais ça n'a rien donné de bon. Elles ne la comprenaient pas, et Irma ne les comprenait pas. Il y a eu des scènes pénibles. Les enfants peuvent être cruels à l'occasion. Et son père ne voulait pas l'envoyer à l'école. C'est moi qui devais l'instruire...

» Alors, je lui ai apporté de la pâte à modeler, et ça lui a beaucoup plu. Elle passait des heures entières à façonner des visages. Pour une enfant de son âge, elle avait vraiment du talent. Nous faisions ensemble de petites poupées pour lesquelles je cousais des vêtements.

» Cette première année m'a apporté bien des satisfactions, monsieur Steever. Surtout pendant les mois que votre frère a passés en Amérique du Sud ; mais, cette année, dès qu'il a été de retour... oh, je ne peux même pas en parler !

— Chère Miss, vous devez essayer de comprendre. John n'est pas un homme heureux : la mort de sa femme, le ralentissement de ses affaires d'importation, son penchant pour l'alcool… mais vous savez tout cela.

— Tout ce que je sais, c'est qu'il déteste Irma, répliqua miss Pall d'un ton sec. Il la hait. Il veut qu'elle fasse des sottises afin d'avoir l'occasion de la fouetter. « Si vous ne voulez pas dresser cette petite sorcière, je m'en charge », me dit-il toujours. Après quoi, il la fait monter dans sa chambre et la frappe à coups de ceinture. Il faut que vous fassiez quelque chose, monsieur Steever ; sans quoi j'irai moi-même avertir les autorités.

« La vieille folle en est bien capable », songea Steever. Et, recourant une fois de plus à son sourire tout sucre et tout miel, il demanda :

— Mais que devient Irma, chère miss ?

— Elle a beaucoup changé depuis le retour de son père. Elle refuse de jouer avec moi. Elle feint* d'ignorer ma présence. On dirait qu'elle m'en veut de ne pas réussir à la protéger contre cet homme. De plus, elle se prend pour une sorcière.

Cinglée ! Complètement cinglée !… Sam Steever se redressa dans son fauteuil dont les ressorts grincèrent plaintivement.

— Ce n'est pas la peine de me regarder comme ça, monsieur Steever. Elle vous le dirait elle-même si vous veniez de temps en temps à la maison.

Ayant discerné dans sa voix un ton de reproche, il fit un signe de tête repentant.

— En ce qui me concerne, monsieur Steever, elle me l'a dit tout net : puisque son père le veut, elle sera une sorcière. Et elle refuse de jouer avec moi ou avec n'importe qui d'autre, parce que les sorcières ne jouent pas. La veille de la Toussaint, elle m'a demandé de lui donner un manche à balai. Oh, ce serait drôle si ce n'était pas si dramatique : cette enfant est en train de perdre la raison.

Un bonbon pour une bonne petite

» Un dimanche, il y a quelques semaines, elle m'a priée de l'emmener à l'église parce qu'elle voulait assister à la cérémonie du baptême. Vous vous rendez compte, monsieur Steever? Une enfant de huit ans qui s'intéresse à la cérémonie du baptême! Tout ça parce qu'elle lit beaucoup trop.

» Bref, nous sommes allées à l'église. Elle était ravissante avec sa robe bleue, et elle a été sage comme une image. Vraiment, monsieur Steever, j'étais très fière d'elle.

» Mais, après ça elle est rentrée dans sa coquille. Elle a recommencé à lire des heures durant, à courir dans la cour au crépuscule et à se parler à voix basse.

» Peut-être parce que votre frère a refusé de lui donner un petit chat. Elle voulait à toute force avoir un chat noir, et lorsqu'il lui a demandé pourquoi, elle lui a répondu que les sorcières étaient toujours accompagnées d'un chat noir. Là-dessus, il l'a fait monter dans sa chambre.

» Je ne peux rien y faire, bien sûr. Il l'a encore battue le jour où nous avons eu une panne d'électricité et où nous n'avons pas pu trouver les bougies. Vous vous rendez compte, monsieur Steever? accuser une enfant de huit ans d'avoir volé des bougies!

» Ç'a été le commencement de la fin. Aujourd'hui, quand il s'est aperçu de la disparition de sa brosse à cheveux...

— Irma la lui avait volée?

— Oui, elle l'a reconnu. Elle a déclaré qu'elle en avait eu besoin pour sa poupée.

— Mais vous m'avez dit qu'elle n'avait pas de poupée, ce me semble.

— Elle s'en est fait une. Du moins, je le pense, car elle ne veut plus rien nous montrer; de même qu'elle ne nous adresse plus jamais la parole à table...

» En tout cas, cette poupée doit être très petite, car, parfois, elle la porte cachée sous son bras. Elle lui parle et elle la caresse, mais refuse obstinément de nous la laisser voir.

» Quand elle a avoué à votre frère qu'elle avait pris sa brosse à cheveux pour la poupée, il s'est mis dans une colère folle (il avait bu toute la matinée, enfermé dans sa chambre); mais elle s'est contentée de lui dire en souriant qu'elle n'en avait plus besoin et qu'elle allait la lui rendre. Elle est allée la chercher sur sa commode et la lui a tendue. Elle ne l'avait pas du tout abîmée, et il y avait encore, accrochés aux poils, quelques cheveux de son père.

» Mais il la lui a arrachée des doigts et lui en a donné de grands coups sur les épaules; après quoi, il lui a tordu le bras et…

Miss Pall se recroquevilla dans son fauteuil, tandis que de gros sanglots secouaient sa frêle poitrine.

Sam Steever lui tapota le dos et s'empressa auprès d'elle – tel un éléphant auprès d'un canari mal en point.

— C'est tout, monsieur Steever, conclut-elle. Je suis venue vous trouver pour vous dire que je ne retournerai jamais chez votre frère. Je ne peux plus supporter la façon dont il bat la petite… et sa façon à elle de ricaner d'un air moqueur au lieu de pleurer!… Au point qu'il m'arrive de croire qu'Irma est bel et bien une sorcière… que votre frère en a fait une sorcière…

Sam Steever décrocha le téléphone, dont la sonnerie avait rompu le silence bienfaisant de la pièce après le départ brusque de Miss Pall.

— Allô, c'est toi, Sam?

Il reconnut la voix de son frère, un peu empâtée par l'ivresse.

Un bonbon pour une bonne petite • **147**

— Oui, John.

— Je suppose que la vieille chauve-souris est allée te voir pour déblatérer contre moi ?

— Si tu fais allusion à Miss Pall, je reconnais qu'elle sort d'ici.

— N'accorde pas la moindre attention à ce qu'elle t'a raconté. Je peux tout t'expliquer.

— Veux-tu que j'aille chez toi ? Il y a des mois que je ne t'ai pas rendu visite.

— Ma foi, pas aujourd'hui. J'ai rendez-vous ce soir avec mon médecin.

— Ça ne va pas ?

— J'ai une douleur au bras. Je suppose que c'est du rhumatisme. Je vais essayer des séances de diathermie*. Mais je te rappellerai, et nous tirerons au clair cette sale affaire.

— D'accord.

John Steever n'ayant pas téléphoné le lendemain, Sam l'appela vers l'heure du dîner.

Chose curieuse, ce fut la petite voix aiguë d'Irma qui lui répondit.

— Papa est là-haut dans sa chambre. Il dort. Il vient d'être malade.

— Dans ce cas, ne le dérange pas. Il souffre toujours de son bras ?

— Non, maintenant c'est son dos. Il faudra qu'il retourne chez son médecin dans quelque temps.

— Bon. Dis-lui que j'irai le voir demain. Et à part ça, Irma, heu… tout va bien ? Tu ne regrettes pas trop miss Pall ?

— Non, je suis contente de son départ. Elle est idiote.

— Ah oui, je vois… Téléphone-moi si tu as besoin de quelque chose. J'espère que ton papa va aller mieux.

— Moi aussi, répondit Irma.

Après quoi, elle eut un petit rire moqueur et raccrocha.

Le lendemain, dans l'après-midi, John Steever appela son frère à son étude.

— Sam, dit-il d'une voix empreinte de souffrance, pour l'amour du Ciel, viens tout de suite. Il m'arrive quelque chose d'affreux !

— Quoi donc ?

— Je sens une douleur… qui me tue ! Il faut que je te voie le plus tôt possible.

— J'ai un client à recevoir, mais je vais l'expédier en cinq minutes. En attendant, pourquoi ne fais-tu pas venir ton médecin ?

— Ce charlatan* ne peut m'être d'aucun secours. Il m'a déjà fait deux séances de diathermie, avant-hier pour mon bras, hier pour mon dos.

— Et ça ne t'a rien fait ?

— Je me suis senti soulagé sur le moment, mais, à présent, la douleur est revenue : j'ai l'impression d'avoir la poitrine serrée dans un étau ; j'ai du mal à respirer.

— Ce doit être de la pleurésie. Qu'en pense ton médecin ?

— Il m'a ausculté soigneusement, et il affirme que ce n'est pas de la pleurésie. Tous mes organes sont en parfait état… Naturellement, je n'ai pas pu lui révéler la cause réelle du mal.

— La cause réelle ?

— Mais oui : les épingles ; les épingles que cette petite diablesse enfonce dans la poupée qu'elle a fabriquée. D'abord dans le bras, puis dans le dos. Et maintenant, Dieu seul sait comment elle s'y prend pour m'infliger cette douleur épouvantable.

— John, il ne faut pas…

— Oh, à quoi bon tous ces discours ? Je suis cloué dans mon lit. Elle me possède maintenant. Je ne peux pas descendre l'empêcher de continuer sa maudite besogne en lui prenant la

Un bonbon pour une bonne petite • **149**

poupée. Et personne d'autre que toi ne voudrait me croire. Pourtant, c'est bel et bien la poupée qui est cause de tout ; cette poupée qu'elle a fabriquée avec la cire des bougies et les cheveux de ma brosse. Oh, la sale petite sorcière !... Ce que ça me fait mal de parler ! Dépêche-toi, Sam... Promets-moi de faire quelque chose... n'importe quoi... Arrache-lui cette poupée... cette fichue poupée...

★
★ ★

Trente minutes plus tard, à quatre heures et demie, Sam Steever arrivait devant la maison de son frère.

Irma ouvrit la porte.

Sam fut tout saisi en la voyant sur le seuil, calme et souriante. Avec ses cheveux blond cendré impeccablement brossés en arrière et son visage ovale aux joues roses, elle ressemblait beaucoup à une poupée... à une petite poupée...

— Tiens, bonjour, oncle Sam.

— Bonjour, Irma. Ton papa m'a demandé de venir le voir, tu es au courant, je suppose ? Il ne se sentait pas très bien et...

— Oui, je sais. Mais à présent, il va beaucoup mieux. Il dort.

Sam Steever eut l'impression qu'une goutte d'eau glacée roulait le long de sa colonne vertébrale.

— Tu dis qu'il dort ? murmura-t-il d'une voix étranglée. Où ça ? Là-haut ?

Sans laisser à la fillette le temps de répondre, il monta l'escalier quatre à quatre jusqu'au second étage, puis gagna à grands pas la chambre de son frère.

John Steever, couché sur son lit, dormait paisiblement. Il respirait de façon régulière, et son visage était parfaitement détendu.

Sam sourit de la frayeur qu'il avait éprouvée, murmura : « Je suis stupide ! » et sortit de la chambre.

Tout en descendant l'escalier, il se mit à échafauder des projets : six mois de repos pour son frère (en évitant soigneusement d'appeler cela « une cure »); pour Irma, un séjour dans un orphelinat, qui permettrait à la fillette d'échapper à l'atmosphère morbide de cette maison, à l'influence pernicieuse de tous ces livres…

Parvenu à mi-étage, il s'arrêta, et, regardant par-dessus la rampe, il vit, dans la pénombre, la fillette pelotonnée sur le divan comme une petite boule blanche. Elle parlait à un objet indiscernable qu'elle berçait dans ses bras.

Donc, il y avait bel et bien une poupée dans cette affaire.

Sam descendit les dernières marches sur la pointe des pieds et s'approcha furtivement de sa nièce.

— Tiens, te voilà, dit-il.

Elle sursauta violemment, souleva ses deux bras de façon à dissimuler l'objet qu'elle avait caressé jusqu'alors, et l'étreignit de toutes ses forces.

Dans l'esprit de Sam Steever surgit l'image d'une poupée dont on comprimait la poitrine…

Irma tourna vers son oncle un visage empreint d'innocence, qui, dans la pénombre, ressemblait étrangement à un masque : le masque d'une petite fille, recouvrant… quoi donc ?

— Papa va mieux à présent, n'est-ce pas ? dit-elle.

— Oui, beaucoup mieux.

— Je le savais.

— Mais je crois qu'il va être obligé de quitter la maison pour prendre du repos – un long repos.

Un léger sourire filtra à travers le masque.

— Très bien, dit la fillette.

— Naturellement, tu ne resterais pas ici toute seule. Peut-être pourrions-nous t'envoyer dans une école… un pensionnat.

— Oh, tu n'as pas besoin de t'inquiéter à mon sujet, déclara-t-elle en riant.

Sam ayant pris place sur le divan, elle s'écarta de lui ; puis, comme il tentait de se rapprocher, elle se dressa d'un bond.

Ce faisant, elle releva les bras, et Sam Steever vit deux jambes minuscules pendiller sous un de ses coudes. Elles étaient revêtues d'un pantalon d'homme, et avaient à leur extrémité deux petits bouts de cuir en guise de souliers.

— C'est une poupée que tu as là, Irma ? demanda Sam en tendant sa main potelée avec une prudente lenteur.

La fillette se rejeta en arrière.

— Tu ne la verras pas, déclara-t-elle. C'est défendu.

— Mais je voudrais bien la voir, Irma. Miss Pall m'a dit que tu en faisais de très jolies.

— Miss Pall est stupide, et toi aussi. Va-t'en.

— Je t'en prie, Irma, laisse-moi la voir.

Au moment même où il prononçait ces mots, il aperçut la tête de la poupée, qu'Irma avait décelée en reculant. Car c'était bel et bien une tête, avec des mèches de cheveux surmontant un visage blême. L'ombre croissante estompait les traits, mais Sam reconnut les yeux, le nez, le menton…

Il ne put continuer à feindre.

— Donne-moi cette poupée, Irma ! ordonna-t-il d'un ton sec. Je sais ce qu'elle est. Je sais qu'elle représente…

L'espace d'un instant, le masque d'innocence se détacha du visage de la fillette, et Sam vit devant lui la grimace d'une terreur panique.

Puis, tout aussitôt, le masque fut remis en place, et Irma redevint une charmante petite fille, un peu gâtée, qui secouait gaiement la tête, tandis qu'une lueur espiègle dansait dans ses yeux.

— Oh, oncle Sam, dit-elle en riant. Ce que tu es nigaud! Ça n'est pas une vraie poupée!

— Et qu'est-ce que c'est alors?

Irma rit de plus belle, en tendant à bout de bras l'objet qu'elle avait si bien caché.

— Du sucre d'orge*, voilà tout! dit-elle.

— Du sucre d'orge?

Irma fit un signe de tête affirmatif; puis, d'un geste rapide, elle fourra la tête minuscule dans sa bouche, et la détacha d'un coup de dent.

Un cri perçant retentit au second étage. Un seul cri, suivi d'un affreux silence.

Pendant que Sam Steever faisait vivement demi-tour et grimpait l'escalier en courant, la petite Irma, sans cesser de mâchonner avec application, franchit le seuil de la porte d'entrée et s'éloigna en sautillant dans les ténèbres.

Traduit de l'américain par Jacques PAPY.
© Arkham House & Scott Meredith Literary Agency, Inc.
© Casterman, 1966, pour la traduction.

Virginie Greiner

LE COULOIR

Elle se tenait là, tapie dans l'ombre. Ses yeux renvoyaient une lumière violacée* qui éclairait le noir couloir d'un reflet d'argent. Bientôt la Voix allait retentir, forte, dure, impérative, clamant l'ordre. Cet ordre que sa fonction en ce bas monde l'obligeait à remplir, elle, si petite créature. Le dernier commandement résonnait encore dans sa tête. C'était le tonnerre effroyable d'une voix haïe et crainte, mais vénérée*, ô tant vénérée.

L'ordre, toujours l'ordre… Et il fallait attendre. Attendre qu'il éclate enfin, attendre dans cette étuve* suintante. Il allait venir, il s'approchait. Elle pouvait le deviner aux bruits étouffés qui lui parvenaient. Ils étaient si faibles en comparaison de l'ordre, mais vivants, si vivants…

Qu'y avait-il dans ces boîtes qu'elle devait ramener dans ce sombre couloir ? Jamais elle ne s'en était enquis, elle qui en était l'obscure sentinelle*. Elle n'en avait pas le droit. Le Maître ne lui aurait pas permis. Pourtant la question de leurs contenus l'avait envahie, d'abord insidieusement pour devenir bientôt obsédante.

Une irrésistible curiosité l'entraînait aujourd'hui hors du couloir. Mais la peur que le Maître ne la remarque freina d'abord son ardeur à en sortir. Il y avait longtemps déjà, il lui avait donné l'ordre de ne jamais se montrer.

— Seules les boîtes seront, à présent, ton unique préoccupation, lui avait-il dit. La terrible puissance qu'elles contiennent doit être à jamais oubliée dans ce couloir dont je te fais la gardienne. Tu ne dois en aucun cas les ouvrir. Les souffrances qu'infligerait l'ouverture de ces objets feraient souhaiter à quiconque la pire des tortures comme soulagement. Moi seul peux, sans danger, en supporter la vision.

L'ordre du Maître résonna à nouveau dans sa tête. S'immobilisant, elle se rappela avec terreur le rire sardonique qui avait terminé ses paroles.

— N'oublie jamais ma mise en garde, avait-il poursuivi. Jamais, tu ne devras te montrer. Si les autres ont vent de ton existence, le risque est trop grand que leur attention sur toi les ramène aux contenus de ces maléfiques urnes*. Pour le salut de tous, tu resteras confinée dans ce couloir qui jouxte le trône, avait-il ajouté en lui indiquant cette entrée qu'à présent elle envisageait comme une sortie. Tu ne répondras qu'aux sollicitations de l'ordre que JE t'enverrai lorsque JE le déciderai.

Elle s'était depuis lors tenue dans l'ombre du trône, dans ce couloir sans lumière – une petite noirceur sans nom respectant scrupuleusement l'ordre qu'elle recevait après que le rituel* ait eu lieu. Il était devenu sa raison d'être, une vie que le Maître avait bien voulu lui accorder.

— Recluse mais finalement utile, se répétait-elle souvent. Ne suis-je pas le rouage essentiel de la cérémonie de la boîte ? Celle sans qui rien ne serait possible ?

Mais, alors que du fond de son antre lui parvenait le murmure bavard d'une foule qui se rassemble dans l'effervescence d'un jour solennel, la question de sa nécessaire invisibilité aux autres se posa avec une féroce acuité, et un profond sentiment d'injustice l'envahit.

Le Couloir

— Ils arrivent, ces obéissants sujets du Maître, grommela-t-elle entre ses dents. Ils viennent assister à ce rituel qui les fascine tant. Comme je les envie. Comme j'aimerais me mêler à eux et sortir enfin de cet isolement* où il me faut rester, soupira-t-elle. Si seulement je pouvais les voir, rien qu'un instant. Après tout, sans moi, comment le Maître ferait-il? Rien ne serait pareil !

Cette réflexion lui fit l'effet d'une décharge électrique et la décida à effectuer quelques pas de plus vers la sortie du couloir. Mais la peur de transgresser l'ordre la rattrapa une fois encore, et elle s'arrêta, figée par le doute.

— Que se passera-t-il si on me voit ? Le Maître a tellement insisté sur le danger que j'encourrais à me montrer. S'il découvre ma présence, se pourrait-il qu'il utilise la puissance de la boîte pour me détruire ? se demanda-t-elle avec angoisse.

» Non, c'est impossible. Le Maître ne prendra pas le risque de détruire sa cour. Je ne suis même pas sûre qu'il se souvienne de mon visage. Cela fait si longtemps qu'il ne m'a pas vue. Seul lui importe que l'ordre soit respecté. Il a certainement oublié jusqu'à mon existence, se rassura-t-elle afin d'évacuer la peur que lui inspirait l'outrage qu'elle était sur le point de commettre.

» Je me montrerai à peine. Je désire seulement approcher la lumière, découvrir les apparences qui se cachent derrière les voix, se répéta-t-elle pour se galvaniser* comme elle arrivait à l'extrême limite du couloir.

Elle avança lentement vers la sortie située juste derrière le trône. Cette timide petite créature en aperçut l'immense dos de granit sombre. Elle le connaissait si bien. Cette masse noire était l'unique vision qu'elle avait lorsque, cérémonie après cérémonie, elle venait se saisir de ces si étranges objets. À chaque fois que l'ordre avait retenti.

Combien étaient passés entre ses mains ? Elle ne le savait pas, ne comptait plus. Son unique plaisir résidait dans le contact que lui procuraient les boîtes entre ses doigts griffus. Elles étaient comme vivantes, d'une consistance inhabituelle, entremêlement de matières minérales et organiques. Leur aspect général était inégal et souvent asymétrique. Des éclats de pierres irisées au toucher glacial contrastaient singulièrement avec des parties humides et molles composées de chair morte. Parfois, les urnes prenaient des reflets d'opalines irradiant entre des aspects de peau desquamée. Ces dernières lui procuraient le plus de plaisir. Elles s'animaient de palpitations saccadées et hoqueteuses, telle une gorge enserrée dans l'étau d'une invisible main cherchant en vain la fraîcheur salvatrice d'une bouffée d'oxygène, quasi inexistante en ces lieux. Leur agonie entre ses doigts lui apportait la consolation des parias, la souffrance de l'Autre comme oubli passager et illusoire de son propre mal.

Le réconfort était d'autant plus grand que ces urnes tragiques pleuraient des larmes de sang sur la vie qui s'en échappait à jamais. Elles s'écoulaient lentement, mais leur flot prenait un rythme continu. C'était devenu sa gourmandise suprême. Dès que la petite créature en apercevait le suintement rouge dans les fissures de la chair putride, sa langue fine s'allongeait démesurément afin d'en recueillir la saveur. Une goutte après l'autre, son appendice buccal violâtre s'enroulait autour de la boîte. Aucune ne devait lui échapper ! Le sang, d'abord principe de survie, avait muté en savoureux plaisir. Lorsqu'elle le sentait dégouliner lentement, sucre dans l'amertume de son palais, l'intensité de sa jouissance lui déformait la bouche en un rictus grinçant. Toutes ses dents effilées et coupantes chantaient dans un frisson animé cet opaque nectar.

Les yeux de la petite noirceur se fermèrent à ce délicieux souvenir. Lorsqu'elle les rouvrit, elle fut frappée de stupeur.

Une inconsciente force l'avait tirée hors du couloir. D'un regard, la captive pouvait à présent embrasser le faste de cette cérémonie dont elle n'avait jamais eu qu'une vision sonore.

Le trône lui fut dévoilé dans toute sa dimension. Le Maître s'y tenait, partiellement enveloppé d'une vapeur jaunâtre que distillaient deux encensoirs d'onyx posés aux extrémités des accoudoirs. Sur ces derniers, comme plantés par la force d'un titan, une multitude de cristaux bleus irradiaient d'un métallique tranchant. À travers le brouillard soufré, elle distingua la silhouette massive du Maître. Vêtu, en ce fastueux jour, d'un costume mêlant le noir mat et le rouge satin, la blancheur glacée de sa longue chevelure lui donnait, par un infernal contraste, une terrifiante grandeur. La sombre servante frissonna. Le danger lui apparut dans toute son immensité et elle ne put s'empêcher un mouvement de recul. «Retourner. Retourner maintenant dans l'obscurité bienveillante du couloir» fut le seul message que son esprit troublé lui envoya en leitmotiv*. «Retourner, maintenant. Avant qu'il ne soit définitivement trop tard!»

Alors qu'elle reprenait déjà le chemin de sa funeste cache, qu'elle renonçait à nouveau à ce violent désir de savoir, son œil fut subitement attiré par l'ondulation soyeuse d'un tissu étincelant. Dans un rapide clignement de paupières, elle la vit.

— Ah, Méridiana, perle de mes bataillons de succubes! Tu daignes enfin nous rejoindre, se réjouit le Maître comme la belle démone s'avançait.

Sans un mot, cette diablesse d'une beauté incomparable s'agenouilla dans un déférent respect dû au Maître. Mais toute son attitude montrait combien elle, parmi tous, ne le craignait aucunement. Des cheveux d'un roux profond encadraient un visage aux traits coupants. Ses yeux violets parsemés de paillettes vertes défiaient de leur éclat la splendeur des lieux.

Entre ses mains aux ongles infiniment longs, parsemés de gemmes multicolores, elle tenait LA boîte. Au milieu de la foule grouillante qui se rassemblait autour de Méridiana, elle était un joyau étincelant de malignité.

— Quelle ensorcelante créature, s'extasia la petite chose en se découvrant dangereusement pour mieux la voir. Combien doit être grand son pouvoir pour avoir créé une telle perfection. Jamais l'objet n'a eu plus sublime irisation, et la chair plus résonance de vivant. Une fois que le Maître aura prononcé l'incantation, son contenu en sera d'autant plus terrible, se dit-elle en ne pouvant réprimer un frisson. Comme j'aimerais rencontrer un être capable d'une telle création, lui parler. Il me semble qu'à nous deux…

Les pensées de la petite paria s'éteignirent dans le fracas de la voix du Maître.

— Avance, avance donc, Méridiana ! éructa-t-il en fixant successivement la boîte et la succube. Découvre à ma puissance le fruit des maléfiques armes contre les pauvres hères sur lesquels tu t'acharnes avec tant de complaisance.

Les traits du Maître exprimaient, à présent, un mécontentement larvé, mêlé de satisfaction absolue lorsque la boîte émettait un pathétique mouvement entre la poigne de fer qui l'enserrait.

Méridiana l'observait avec une malicieuse intention. Un ironique sourire avait allumé une bouche délicatement peinte de mauve qui renforçait l'aspect diaphane de sa peau. Un franc rire éclatait dans la pupille fixe de ses dures prunelles.

— Que m'apportes-tu donc de si exceptionnel, Méridiana, que tu oses confronter à ma vue tant d'insolence, gronda le Maître en ne quittant pas l'objet du regard. Le vert de ta robe orgueilleuse m'insulte. Ne te l'ai-je pas déjà dit… Quel châtiment devras-tu subir pour enfin obéir ? continua-t-il sur le même ton.

— Seigneur, répondit aussitôt Méridiana sans sourciller, il fut pourtant jadis ta couleur. Pourquoi vouloir à présent renier que cette naturelle nuance fut un jour l'apanage de ton illustre pouvoir ?

— Il peut être dangereux, Méridiana, de tenter de sonder l'obscurité du passé, répliqua-t-il avec humeur. Seule ma présente puissance doit compter à tes yeux. Tout ce qui s'est déroulé avant ne te concerne en rien.

— Si je me permets, Seigneur, continua la belle succube d'un ton faussement naïf, de te rappeler des temps révolus, ce n'est que par désir de mieux te servir. Ne dit-on pas que le futur s'enrichit du passé ? Tes serviteurs pourraient sans doute mieux te contenter s'ils en savaient davantage, poursuivit-elle en désignant la grouillante assemblée.

— Tu poses trop de questions. L'unique chose que tous ici devez comprendre est que ce savoir dont tu me vrilles les oreilles est plus terrible que tu ne le crois. Aucun de vous, dit-il, parcourant chacun d'un sinistre coup d'œil, ne pourriez en supporter le poids. Mon pouvoir est le seul rempart existant pour protéger vos misérables existences de sa destructrice puissance, rugit-il, balayant à nouveau la foule de ses yeux brûlants.

L'assemblée était terrorisée et une même pensée les animait tous : « Comment Méridiana osait-elle remettre en cause la bonté du Maître, lui qui faisait tant pour leur sécurité et leurs vies si précaires depuis la fin des temps de gloire ? Cette succube les mettait en danger par son impudence. Le Maître affirmait que l'ignorance était leur salut. Si tel devait être le prix à payer pour survivre, il fallait se soumettre. Le Maître savait mieux que personne ce qu'il était permis de connaître. Lui seul pouvait les protéger contre le contenu des boîtes. Leur unique mission était de les collecter. Ensuite le Maître scellait par l'incantation leur maléfique teneur. Le reste ne les concernait pas. »

— Mais ces urnes, Seigneur, ces urnes que nous te rapportons des missions que tu nous confies, quel terrible secret contiennent-elles qu'il nous menace si dangereusement, nous qui en sommes les auteurs et les pourvoyeurs ? insista Méridiana dont l'arrière-pensée ne restait masquée que par la fixité de ses pupilles d'émeraude.

À cette question, la fureur du Maître parut emplir l'atmosphère, déjà étouffante. Toute l'assistance se recroquevilla pour attendre la déflagration*. De là où elle se trouvait, la petite créature eut l'impression qu'un fugace tremblement avait parcouru le corps magistral du Maître, sans doute dû à la colère qui le submergeait. Toute sa masse se souleva dans l'attitude impérieuse de celui qui va frapper. Dans cette marée de corps aplanis par la peur, seule Méridiana illuminait de son affront les ténèbres du lieu.

— Il suffit, Méridiana. Tu ne peux voir que ce que je te permets de voir. Nombre des éléments qui font partie de tes missions échappent, pour ton salut, à ton entendement*. Contente-toi d'exécuter, grâce à la puissance que je te concède, ce que JE décide comme devant être réalisé. N'oublie pas que sans MON pouvoir, le tien n'existe pas. Fais en sorte de ne jamais me faire regretter l'honneur que JE t'accorde. Tu sais ce que cela signifie ! hurla-t-il en posant sur sa servante un regard de flammes.

Méridiana voulut poursuivre mais il l'arrêta d'un geste sec.

— Tes enfantillages ne sauraient retarder plus avant le rituel, dit-il d'une voix blanche, mais sache que ma colère n'est pas apaisée et que le prix qu'il te faudra cette fois payer risque fort d'endetter pour longtemps ton existence.

La cérémonie allait commencer et, cette fois, Méridiana baissa les yeux vers le sol. Ses bras se tendirent au-dessus de sa tête afin que l'urne puisse être vue par tous. Autour d'elle, la foule nombreuse se releva dans un surprenant bruissement, mélange de crissements de carapaces traînées à terre, de râlements graves et de rires plaintifs. Par moments on percevait des échos de phrases murmurées avec prudence et solennité, aux relents parfois aigris.

— Comment est-il possible d'avoir conçu pareil objet ? C'est un défi au pouvoir du Maître, chuchotèrent certains avec anxiété et jalousie.

— Elle risque d'aggraver sa colère avec tant de perfection, marmonna un ricanant démon au faciès disgracieux et au front licorneux.

Fasciné par la boîte, il tenta vainement de se rapprocher de Méridiana. À ses côtés, une harpie s'inquiétait de la puissance maléfique que devait contenir une telle production, en se désespérant de ne pas en avoir été à l'origine.

— Moi qui torture avec tant d'intense délectation les créatures tombées sous ma coupe, les jetant dans les tourments infernaux du désir et du vice, jamais je n'ai pu en tirer pareille sublimation, grinça-t-elle, irritée. Mes serres sont pourtant suffisamment acérées pour leur arracher leurs plus intimes moelles…

La tension cérémoniale était à son comble. De part et d'autre de cette royale salle aux dimensions illimitées, des torches s'allumèrent dans un infernal enchantement. Chacune de couleurs différentes, la place où elles étaient disposées ne devait rien au hasard. La lumière qu'elles émettaient se reflétait dans des parois lisses aux effets de miroirs, taillées dans une roche poreuse restée brute par endroits. Les nuances se projetaient sur tous en un ballet multicolore. Excepté le Maître et Méridiana, aucun membre de cette étrange cour ne portait de costume. Seuls les attributs de leur fonction – cornes, griffes crochues, dents proéminentes, larges ailes noires, bref toute la panoplie du monde des Ténèbres – ornaient une nudité qu'ils n'avaient pas daigné dissimuler eu égard à la gravité du moment.

Mais, l'espace d'un instant, cette grouillante foule noirâtre se recouvrit de l'éclat des plus beaux joyaux. Les réverbérations des parois enveloppaient avec la précision du laser ces corps monstrueux de halos colorés, parant chacun des plus élégants tissus. La cour fut littéralement habillée de lumière. Le Maître seul resta dans l'ombre, mais son regard avait l'aspect du plus flamboyant des feux. Vivante torche parmi les autres, il éclairait Méridiana d'une éblouissante lumière blanche, provoquant l'irisation des fragments solides de la boîte qui semblait percer les ténèbres du sommet de l'immense siège. Le Maître descendit les quelques marches qui le séparaient de Méridiana et s'empara de son dû. Tous avaient à nouveau baissé les yeux devant l'aveuglant faisceau en signe d'absolue soumission.

«Eux non plus, pensa la petite créature, presque soulagée, ne peuvent voir. Je ne suis donc pas l'unique être dans ce monde à subir l'interdiction.»

Méridiana, elle-même, n'osait relever la tête, attendant dans un devoir d'aveuglement que la métamorphose ait lieu. Un égoïste sentiment de joie emplit le cœur de la petite chose. Cette succube qui l'avait fascinée par son insolence quelques minutes auparavant était, elle aussi, dans ce moment suprême entre tous, brisée par les convenances.

«Je vois, exulta la petite noirceur. Je vois enfin ce que j'ai toujours désiré voir. Et le plus merveilleux est que je suis la seule à voir.»

— *Yona Gori passet Grippi*
Potre he Ivino
Arratoun Machant Arrat.

Le Couloir • **163**

Avec une lenteur macabre, chaque mot de l'incantation prononcée par le Maître résonna dans les ténèbres multicolores de la salle. Les parois les répétèrent en un écho vibrant, projetant chaque syllabe l'une contre l'autre. Puis le silence se fit et, dans un murmure, les trois phrases se réunirent à nouveau, marques de fer rouge dans les parties charnues de la boîte. Entre les mains du Maître, l'objet s'enfla, sa respiration se fit plus saccadée. De grosses gouttes d'un sang vermeil tombèrent sur le granit noir du trône formant une mare gluante dont la couleur vira aussitôt au bleu électrique. En un éclair, cette tache mua pour devenir d'une immaculée blancheur. De multiples rayons embrasèrent l'espace. Ce fut comme un signal car chacun releva alors la tête pour contempler le prodige.

Éblouie par cette splendeur, la petite noirceur en oublia sa peur et le danger qu'elle avait tant redouté. Elle sortit totalement de l'ombre du trône à l'instant précis où toute la salle était plongée dans un épais silence contemplatif. Gêné par le cliquetis de pattes griffues sur la pierre que ces quelques pas engendrèrent, le Maître tourna son visage vers la source du bruit et, dans la flamboyance de son regard, l'existence de la petite paria* fut révélée à tous.

Extrêmement laide, les membres déformés par des articulations noueuses, les cheveux hirsutes collés par la crasse, des yeux d'un rouge carmin où paraissaient avec une alternance systématique des reflets violets qui accentuaient la profonde tristesse de son regard, toute son attitude était emplie de la meurtrissure que provoquait l'envahissante lumière. Son corps se recourba en une impossible boule protectrice pour échapper à cette terrifiante visibilité. Mais il était trop tard.

De la multitude infernale monta un murmure confus. Tous avaient constaté son insolite présence.

« Qui était-elle ? » fut la question qui parcourut ces ténèbres mouvantes. « Une servante du Maître apparemment, tout comme eux. Pour quelle obscure raison ne vivait-elle pas en leur présence ? Pourquoi leur était-elle étrangère ? »

Une jalousie sourde embrasa l'assistance et le murmure se changea en un hostile grognement. Cette boule épineuse était protégée du Maître, plus qu'eux-mêmes. Elle était sûrement sa confidente – sa plus proche compagne – avertie des plus terribles secrets, secrets qui leur avaient été interdits, interdits pour leurs saluts.

« Se pourrait-il que… ? »

Le doute se déversa telle une déferlante dont l'on ne voit pas venir la puissance et se répandit à travers la foule grouillante. Le Maître en ressentit l'onde tumultueuse qu'il noya dans un clignement de paupières.

Méridiana contempla longuement cette petite chose à présent autant terrorisée par la vindicte prochaine du Maître que par le danger, peut-être plus grand encore, que représentait l'envie de ses pairs. Le visage de la succube exprimait la surprise de celle qui, dotée d'un intuitif savoir, constate avec bonheur que son intime conviction se matérialise sous ses yeux. Elle observait avec attention les détails de cet infernal hérisson lorsque deux taches rouges croisèrent le vert de ses prunelles. Par un obscur enchantement, un invisible lien se forgea instantanément entre elles. Une muette conversation se noua poussant la petite créature difforme à progressivement redéplier son corps comme portée par la force de l'insolente succube. Toutes deux se dévisagèrent quelques secondes avec un plaisir non dissimulé.

— Seigneur, nous présenteras-tu cette énigmatique personne, risqua Méridiana sans quitter des yeux cette alliée providentielle.

— Oh, ça, répondit-il avec un détachement qui lui était inhabituel, c'est sans importance.

La dernière partie de cette anodine phrase portait en elle un message destiné à la petite noirceur. Son intonation était celle de l'ordre, l'ordre de rentrer, de disparaître dans le couloir.

L'inconnue fut reprise par la peur mais le tremblement des mains de Méridiana et l'étonnement de son regard l'apaisèrent. Elles étaient maintenant deux à savoir.

«L'ordre encore, ultime certainement, dernier sans doute, définitif cette fois», pensa la créature avec soulagement.

La pensée jaillit, claire et retentissante, aux oreilles de Méridiana.

— Un ordre, quel ordre ? demanda cette dernière sans s'en rendre compte.

— Je viens de te dire que tout cela n'a pas l'ombre d'une importance, tonna le Maître, au bord de l'implosion. Il est temps que nous terminions ce que nous avons commencé, poursuivit-il sur un ton étonnamment tranquille.

Ce rappel de l'existence de la boîte eut l'effet d'un puissant tranquillisant sur la foule énervée. À ce seul mot, les grognements se turent et chacun fut rattrapé par la sinistre perspective qu'elle évoquait.

L'incantation avait été prononcée. D'un simple regard, ces êtres démoniaques constatèrent avec horreur que la transformation était achevée. Gorgée de puissance, l'urne se tenait immobile dans les mains du Maître. Cet objet dont lui seul détenait la clé, dont lui seul avait loisir de contenir la puissance, cet objet avait la capacité de les détruire. Que se passerait-il si, exaspéré par la mutinerie de sa cour, il en venait à ouvrir la boîte pour en délivrer le pouvoir ? En un éclair, ils disparaîtraient dans les plus atroces tourments. Comment en étaient-ils arrivés à ce point, où chacun reprochait à l'autre l'origine du péril que tous devaient affronter ?

— C'est cette créature, souffla un hideux démon à la bouche tordue. Le Maître a voulu vérifier notre amour pour lui en nous envoyant quelqu'un susceptible d'aiguiser notre jalousie…

Cette certitude s'empara de tous et, sous les yeux médusés de Méridiana, cette assemblée, vivante incarnation du mal, tomba à genoux à l'unisson dans une peureuse obédience, vaincue par la crainte absolue de cette souffrance qui faisait pourtant la joie de leur existence quand elle ne les concernait pas.

— Pardonne à tes sujets, Seigneur, d'avoir douté de ta grande bonté à notre égard et préserve-nous de ta juste colère.

Leur pathétique plainte expiatoire monta, chant lugubre de leurs intimes craintes.

C'était l'échappatoire que le Maître attendait. La peur avait toujours été sa plus généreuse amie. Depuis qu'il avait instauré le rite de la boîte, il était si facile de les maintenir dans la plus stricte obéissance. Même cette fouineuse de Méridiana ne pourrait s'opposer à cette inertie de la terreur. Il en eût ri si l'instant n'avait été si périlleux. Ses serviteurs avaient douté et l'origine de leur doute était encore là, exposée à leur malsaine curiosité. Il y avait urgence à faire disparaître cette ridicule créature noirâtre. Sans délai, prudemment mais vite… Elle ne pourrait résister à sa sommation. Il l'avait si bien éduquée pour cela.

Son sinistre visage se baissa lentement vers la boule sombre terrifiée.

Le Couloir   • **167**

— Prends la boîte et retire-toi dans l'instant, lui murmura-t-il avec la plus extrême autorité. Ou considère que ton temps est révolu, continua-t-il dans un souffle rageur.

D'un geste lent, il transmit l'objet de son pouvoir à celle qui lui avait tant servi pour l'asseoir. Mais alors que la boîte passait de ses mains à celle de la petite noirceur, il réalisa qu'il n'avait jamais considéré le péril de l'urgence. Les larmes de sang qui coulaient sur la nacre de la structure lui firent comprendre l'erreur qu'il venait de commettre.

— Non, hurla-t-il en tentant de reprendre possession de l'urne.

Mais déjà la langue de l'étrange hérisson, guidée par l'irrésistible tentation du désir, s'enroulait autour du magique objet pour en recueillir la divine saveur.

«Ma seule erreur, mais ô combien fatale», songea le Maître en observant le visage impassiblement fermé de Méridiana, cloîtrée dans un significatif silence.

Possédé par l'émotion, il vit dans ce mutisme son ultime recours.

«Elle sait, elle a compris le mensonge, pensa-t-il, mais il reste les autres, ces aveugles sujets entièrement dévoués à mon pouvoir. Admettre la vérité leur serait si insupportable, le miroir honteux de leur propre défaillance*… Tout n'est pas perdu. Elle n'osera pas leur dire», se rassura-t-il.

Devant lui, la petite noirceur tenait toujours la boîte. La solution était là, simple, devant ses yeux, devant les yeux de tous.

«Comment n'y ai-je pas songé plus tôt? Tout ce que j'ai à faire est de leur rappeler la puissance destructrice de cet objet. Tous se soumettront. Ils sont si aisément terrorisés», exulta-t-il.

Une rumeur fébrile enflait déjà parmi ces démoniaques créatures. Il lui fallait agir vite.

— Cette immonde chose touche l'urne, s'indigna une somptueuse Parque aux yeux de braises flambées.

— C'est impossible, suggéra un démon dont la collerette sanguine rehaussait de pâles paupières. Comment une si ridicule créature peut-elle supporter sans dommage le contact de la boîte gorgée du souverain fluide ?

— Et en consommer le contenu sans paraître y risquer son existence ? continua un charmant satyre à la peau d'or.

À cette réflexion, Méridiana comprit et en appela à la petite noirceur.

— Vas-y, lui suggéra-t-elle muettement. Fais-le ! Fais-le sans hésiter.

Avant que le Maître n'ait pu intervenir, la petite chose accomplit l'inimaginable. Elle ouvrit la boîte. Tout se figea, suspendu dans la perspective de l'horreur. Le Maître chancela, rattrapant in extremis son corps massif sur l'un des accoudoirs du trône. Son bras s'enfonça dans les cristaux bleus où un sang noir se mit à couler. Les événements se déroulèrent dans la plus extrême confusion. La stupeur fut telle que tous en oublièrent ce que l'ouverture de ce terrible objet représentait. Leur attention s'était portée sur la situation vacillante du Maître. Son cri de douleur les ramena soudain à la réalité. La boîte était ouverte et rien de ce qui aurait dû se passer ne s'était produit. Ils étaient vivants, vivants et sans une égratignure.

— Rien, il n'y a rien dans l'urne. Rien si ce n'est vos peurs. Rien que la volonté du Maître, rien que votre ridicule lâcheté, rien que votre ténébreuse ignorance, rien que votre pitoyable aveuglement, s'écria Méridiana à leur adresse. Regardez. Regardez où l'illusion du pouvoir vous a menés…

Leur fureur monta, tenace, violente. Certains se jetèrent sur le Maître dans un désir d'ultime vengeance. La mare noire de son sang impur envahit bientôt le sol pierreux. Méridiana ne put retenir plus avant sa profonde satisfaction.

— Je n'aurais jamais cru que la mort eût autant résonance de vivant, dit-elle en rejoignant sa nouvelle amie sur le trône. Mais à propos, poursuivit-elle, je ne connais pas ton nom…

© Virginie GREINER, 2001.

DOSSIER LIBRIO +

Des pages en + pour s'approprier le texte,
le comprendre sans notes, et s'exercer !

Fiche élève 1 : Lire sans notes et travailler le lexique

1. À vos dictionnaires !

A. *La Belle et la Bête*

a. Cherchez le plus de synonymes possible des mots «belle» et «bête». Quelle est leur nature grammaticale dans le titre du conte ? En quoi ces termes s'opposent-ils ?

b. Qualités et défauts : lisez le début du conte, jusqu'à «l'insultaient à tout moment» (p. 23). Relevez les termes qui expriment les qualités et les défauts de la Belle et de ses sœurs, et donnez leur sens. D'autres qualités et défauts des trois jeunes filles ne sont pas directement désignés par un mot en particulier : lesquels ? Justifiez votre réponse.

c. Expliquez l'expression «avoir de l'esprit», et la phrase suivante, que la fée adresse à la Belle (p. 36) : «[...] vous avez préféré la vertu à la beauté et à l'esprit.» Quels sont les différents sens du mot «vertu» ? Pourquoi est-ce le dernier mot du conte, selon vous ?

B. *Une mandragore*

a. Lisez le début, jusqu'à «vu Charles pour la première fois» (p. 76), et cherchez la définition des mots suivants : mandragore, resplendir, potence, anxiété, effroyable, circonstance, ébauche, vivifier.

b. Quels sont les différents sens du mot «cité», employé à la première ligne du conte ? Cherchez son étymologie.

c. Comment transformer une mandragore en être humain ? Cherchez le sens des mots en gras dans la phrase suivante :

> «Il fallait d'abord laver la mandragore ; elle le fit ; puis lui semer du **millet** sur la tête, et une fois ce millet poussé et

transformé en cheveux, les autres membres se délieraient eux-mêmes ; elle devait ensuite à la place de chaque œil placer une **baie de genièvre**, à la place de la bouche le fruit de l'**églantier**. » (p. 77)

C. *La Fée aux gros yeux*

a. Lisez la première page du conte et relevez tous les mots appartenant au champ lexical de la vue, puis donnez leur définition.

b. Cherchez le sens des mots ou des expressions en gras dans le portrait de M. Bat. Quelles sont vos impressions à la lecture de ce portrait ? Quelle image du personnage donne-t-il ?

« C'était pourtant un homme d'apparence très inoffensive que M. Bat, le précepteur des frères d'Elsie. Il n'était pas beau ; maigre, très brun, les oreilles et le nez pointus, et toujours **vêtu de noir de la tête aux pieds**, avec des **habits à longues basques**, très pointues aussi. Il était timide, **craintif** même ; hors de ses leçons, il disparaissait comme s'il eût éprouvé le besoin de se cacher. Il ne parlait jamais à table, et le soir, en attendant l'heure de **présider au coucher** de ses élèves, il se promenait en rond sur la terrasse du jardin, ce qui ne faisait de mal à personne, mais paraissait être l'indice d'une **tête sans réflexion** livrée à une **oisiveté stupide**. » (p. 127)

2. Sans dictionnaire : avez-vous bien lu ?

A. *La Belle et la Bête*

a. Comment La Bête est-elle décrite dans le conte ? Que lui arrive-t-il à la fin, et pourquoi ?

b. Quel est le sort réservé aux deux sœurs de la Belle à la fin de l'histoire ? Qu'en pensez-vous ?

c. Relevez des éléments merveilleux et magiques dans le conte.

B. *La Sorcière du mois d'avril*
a. Présentez le personnage de Cecy.
b. Que se passe-t-il entre Cecy et Ann ?
c. Comment le bal et la soirée se déroulent-ils pour Ann et Tom ? Quels sentiments éprouvent-ils l'un pour l'autre ?
d. Qui est l'oiseau noir qui observe Tom à la fin de l'histoire ? Comment le devine-t-on ?
e. Que pensez-vous de la fin du conte ?

C. *La Sorcière du placard aux balais*
a. Qu'y a-t-il d'étrange au début du conte, lorsque monsieur Pierre achète la maison et rencontre ses nouveaux voisins ?
b. Que ne faut-il surtout pas faire dans la maison que vient d'acheter Pierre ? Pourquoi ?
c. Qui est Bachir ? Quel est son rôle dans l'histoire ?
d. Quelles sont les trois choses que monsieur Pierre demande à la sorcière ?
e. Qui est la grenouille à cheveux ? Que lui arrive-t-il à la fin du conte ?

D. *Vasilisa*
a. Quel cadeau la mère de Vasilisa lui offre-t-elle juste avant de mourir ? À quoi sert-il ?
b. Comment Vasilisa s'entend-elle avec sa belle-mère et les filles de celle-ci ?
c. Qui est la Baba Yaga ? Décrivez-la en quelques mots.
d. Quelles épreuves Vasilisa doit-elle affronter chez la Baba Yaga ?
e. Quel cadeau Vasilisa reçoit-elle de la Baba Yaga ? Quel est son rôle à la fin du conte ?
f. Que pensez-vous de la fin du conte ?

E. *Un bonbon pour une bonne petite*

a. Quels sont les liens entre Miss Pall, Sam Steever, John Steever et Irma?

b. Comment John Steever traite-t-il Irma?

c. En quoi Irma est-elle une petite fille surprenante?

d. Expliquez le rôle de la poupée d'Irma.

e. Que se passe-t-il à la fin du conte? Justifiez.

f. Pourquoi, selon vous, le conte s'intitule-t-il *Un bonbon pour une bonne petite*? Que pensez-vous de ce titre?

Fiche élève 2: La construction des récits

1. Le début de l'histoire

a. Relisez les débuts de ces quatre contes:

> «Il y avait une fois un marchand qui était extrêmement riche. Il avait six enfants, trois garçons et trois filles, et comme ce marchand était un homme d'esprit, il n'épargna rien pour l'éducation de ses enfants et leur donna toutes sortes de maîtres.
> Ses filles étaient très belles; mais la cadette se faisait admirer et on ne l'appelait, quand elle était petite, que la Belle Enfant; de sorte que le nom lui en resta, ce qui donna beaucoup de jalousie à ses sœurs. Cette cadette, qui était plus belle que ses sœurs, était aussi meilleure qu'elles.» (*La Belle et la Bête*, p. 21)

> «— Mais voyons, grand niais, jamais je ne pourrais vous épouser! avait déclaré damoiselle Dorothée, fille unique du Seigneur des Flèches. Ses lèvres qui faisaient la moue à Anselme ressemblaient à deux fruits bien mûrs. Sa voix coulait comme du miel – mais ce miel était plein de dards et de venin. Vous n'êtes pas trop laid, et vos manières ne me déplaisent point. Mais je voudrais posséder un miroir qui puisse vous montrer à vous-même le fol que vous êtes.

— Mais pourquoi ? avait demandé Anselme, perplexe et attristé. » (*L'Enchanteresse de Sylaire*, p. 38)

« C'est moi, monsieur Pierre, qui parle, et c'est à moi qu'est arrivée l'histoire.
Un jour, en fouillant dans ma poche, je trouve une pièce de cinq nouveaux francs. Je me dis :
— Chouette ! Je suis riche ! Je vais pouvoir m'acheter une maison !
Et je cours aussitôt chez le notaire :
— Bonjour, monsieur le Notaire ! Vous n'auriez pas une maison, dans les cinq cents francs ? » (*La Sorcière du placard aux balais*, p. 87)

« Elle se tenait là, tapie dans l'ombre. Ses yeux renvoyaient une lumière violacée qui éclairait le noir couloir d'un reflet d'argent. Bientôt la Voix allait retentir, forte, dure, impérative, clamant l'ordre. Cet ordre que sa fonction en ce bas monde l'obligeait à remplir, elle, si petite créature. Le dernier commandement résonnait encore dans sa tête. C'était le tonnerre effroyable d'une voix haïe et crainte, mais vénérée, ô tant vénérée.
L'ordre, toujours l'ordre… Et il fallait attendre. Attendre qu'il éclate enfin, attendre dans cette étuve suintante. Il allait venir, il s'approchait. Elle pouvait le deviner aux bruits étouffés qui lui parvenaient. Ils étaient si faibles en comparaison de l'ordre, mais vivants, si vivants. » (*Le Couloir*, p. 154)

b. Qu'apprend-on sur les personnages de chacun des contes ?
c. Quelles informations ces débuts donnent-ils sur le lieu et l'époque de l'histoire ?
d. D'après ces débuts, à quelles suites peut-on s'attendre ?
e. Comment les auteurs donnent-ils envie de lire la suite de l'histoire ?
f. Quel est le début que vous préférez ? Pourquoi ?

2. Dictée préparée

> « Il était une fois et il n'était pas, une jeune mère sur son lit de mort, le visage aussi pâle que sont blanches les roses de cire dans la sacristie de l'église d'à côté. Sa petite fille et son mari, assis au bout de son vieux lit de bois, priaient Dieu de la guider en toute sérénité dans l'autre monde.
> Sa dernière heure venue, elle appela Vasilisa, et la petite fille en bottines rouges et en tablier blanc se mit à genoux au chevet de sa mère.
> — Voilà quelque chose pour toi, ma douce, murmura la mère et, de sous l'épaisse couverture, elle sortit une petite poupée qui, tout comme Vasilisa, portait des bottines rouges, un tablier blanc, une jupe noire et un gilet brodé de perles de toutes les couleurs.
> » Ce sont mes dernières recommandations, ma douce, dit la mère. Si jamais tu perds ton chemin ou si tu as besoin d'aide, demande conseil à cette poupée. Il te sera porté secours. Ne te sépare jamais de la poupée. Ne parle d'elle à personne. »
> (p. 115)

a. Repérez les verbes conjugués à l'imparfait et au passé simple. Dans quels cas emploie-t-on l'imparfait ? Et le passé simple ?

b. Relevez les verbes à l'impératif dans les dernières paroles de la mère. Quelles sont les valeurs de l'impératif ? Comment se conjugue-t-il ?

c. Observez bien l'orthographe du nom Vasilisa, et entraînez-vous à l'écrire.

d. Repérez les indications de temps qui organisent la progression du texte.

e. Dans « le visage aussi pâle que sont blanches les roses de cire », pourquoi l'adjectif « pâle » est-il au singulier et l'adjectif « blanches » au pluriel ? Repérez les autres adjectifs du texte, observez leurs accords et expliquez-les.

3. Construire un conte : le schéma narratif de *La Belle et la Bête*

a. Essayez d'identifier les étapes importantes du récit.

b. *La Belle et la Bête* correspond à ce que l'on appelle le schéma narratif du conte : on retrouve la même construction dans la majorité des contes traditionnels. Complétez ce tableau :

	Définition	Dans *La Belle et la Bête.*
Situation initiale	C'est la situation des personnages au tout début du conte.	
Élément perturbateur	C'est l'élément qui vient transformer la situation initiale.	
Péripéties	C'est l'ensemble des événements qui se produisent à la suite de l'élément perturbateur.	
Élément de résolution	C'est l'élément qui vient mettre fin aux péripéties et permet de résoudre les problèmes rencontrés par les personnages.	
Situation finale	C'est la situation des personnages à la fin du conte.	

c. Reproduisez le tableau, et complétez-le pour *Vasilisa*. Quelles sont les différences avec *La Belle et la Bête* ? Les points communs ?

4. La fin de l'histoire : situations finales et chutes

a. Cherchez le sens du mot «chute» lorsqu'il s'applique à un récit.

b. Relisez les fins de récits suivantes :

> «Dans le moment, la fée donna un coup de baguette qui transporta tous ceux qui étaient dans cette salle dans le royaume du prince. Ses sujets le virent avec joie, et il épousa la Belle, qui vécut avec lui fort longtemps, et dans un bonheur parfait, parce qu'il était fondé sur la vertu.» (*La Belle et la Bête*, p. 37)

> «Tom dormait. Il faisait nuit noire ; ses vêtements étaient accrochés à une chaise ou pliés soigneusement au pied de son lit. Et dans une de ses mains, posée tranquillement sur l'oreiller blanc, près de sa tête, il y avait un petit bout de papier griffonné. Lentement, lentement, millimètre par millimètre, ses doigts se fermèrent sur le papier et il le tint serré dans sa main. Il ne bougea même pas ni s'éveilla lorsqu'un oiseau noir, doucement, avec un mouvement d'ailes d'une lenteur prodigieuse, s'arrêta contre les vitres qui semblaient de cristal dans la lune, puis s'envola vers l'est, par-dessus la terre endormie.» (*La Sorcière du mois d'avril*, p. 74)

> «Voilà l'histoire de la sorcière. Et maintenant, quand vous viendrez me rendre visite, soit de jour, soit de nuit, dans la petite maison que j'ai achetée, vous pourrez chanter tout à votre aise :
>
> *Sorcière, sorcière,*
> *Prends garde à ton derrière !*
>
> Je vous garantis qu'il n'arrivera rien !» (*La Sorcière du placard aux balais*, p. 101)

> «Le brouillard était de plus en plus épais. On ne voyait absolument rien par les vitres. On eût dit qu'un mur gris se pressait contre elles, comme si le monde extérieur avait disparu,

complètement. Le pare-brise même, pour eux qui étaient assis sur la banquette arrière, était un mur gris.
— Comment fait-il pour conduire aussi vite ? demanda Richard, avec un rien d'inquiétude dans la voix. Et, au fait, où allons-nous, Sam ?
— Bon Dieu, dit Sam, elle ne me l'a même pas demandé !
— "Elle" ?
— Oui. C'est un taxi-femme. Avec la guerre, il y en a de plus en plus.
Il se pencha en avant et frappa sur la vitre de séparation. La femme se retourna. Edith vit son visage et poussa un hurlement. » (*Les Farfafouille*, p. 114)

c. Quelles informations ces fins nous donnent-elles sur le sort des personnages ?
d. À partir de ces fins, pouvez-vous imaginer la suite ?
e. Préférez-vous les fins closes (qui donnent toutes les informations) ou ouvertes (qui laissent imaginer la suite au lecteur) ? Pourquoi ?
f. Lisez *Les Farfafouille* : que va-t-il arriver aux personnages, selon vous ? Que s'est-il passé ?

5. Sujet d'invention : écrire la suite des *Farfafouille*

En une page minimum, écrivez la suite des aventures de la famille Walters et de l'oncle Richard à partir du voyage en taxi. Vous insérerez dans votre récit des passages de dialogue au discours direct, comme dans la nouvelle.

Vous proposerez deux fins possibles : une fin avec une résolution complète et une situation finale, et une fin ouverte avec une chute qui laisse au lecteur la possibilité d'imaginer une nouvelle suite.

Fiche élève 3: Des personnages féminins séduisants, effrayants et touchants

1. Beautés fascinantes

a. Lisez les extraits suivants:

> « Ils s'arrêtèrent dans le vestibule de la déesse aux belles boucles, et ils entendaient Circé, qui à l'intérieur chantait de sa belle voix, en tissant au métier une grande toile immortelle, comme sont les fins, gracieux, brillants ouvrages des déesses. » (*Circé magicienne*, p. 19)

> « Le temps pour Anselme de terminer son gourdin, et la dame avait achevé sa toilette. Elle vint à sa rencontre, ondulante comme une lamie. Son corsage de velours, d'un vert printanier, la moulait aussi étroitement que l'étreinte d'un amant, tout en laissant à découvert la partie supérieure de ses seins. Sa jupe de velours violet, fleuri de bleu pâle et de pourpre, soulignait les contours sinueux de ses hanches et de ses jambes. Ses pieds menus étaient enfermés dans de délicates pantoufles de cuir fin teint en rouge, dont les pointes se relevaient à la poulaine, non sans espièglerie. Le style de ces vêtements, quoique curieusement antique, confirmait Anselme dans son impression qu'il s'agissait d'une personne de haut rang. » (*L'Enchanteresse de Sylaire*, le portrait de Séphora, p. 43)

> « — Ah, Méridiana, perle de mes bataillons de succubes! Tu daignes enfin nous rejoindre, se réjouit le Maître comme la belle démone s'avançait.
> Sans un mot, cette diablesse d'une beauté incomparable s'agenouilla dans un déférent respect dû au Maître. Mais toute son attitude montrait combien elle, parmi tous, ne le craignait aucunement. Des cheveux d'un roux profond encadraient un visage aux traits coupants. Ses yeux violets parsemés de paillettes vertes défiaient de leur éclat la splendeur des lieux. Entre ses mains aux ongles infiniment longs, parsemés de gemmes multicolores, elle tenait LA boîte. Au milieu de la

foule grouillante qui se rassemblait autour de Méridiana, elle était un joyau étincelant de malignité. » (*Le Couloir*, le portrait de Méridiana, p. 159)

b. Cherchez le sens des mots suivants : métier à tisser, ondulante, lamie, pourpre, poulaine, espièglerie, succube, défèrent, gemmes.

c. Quels sont les points communs de ces trois personnages féminins ? Justifiez en vous appuyant sur les textes.

d. Comment observe-t-on la fascination provoquée par les personnages féminins dans ces extraits ? Justifiez.

e. Dans le dernier portrait, expliquez les métaphores « perle de mes bataillons de succubes » et « elle était un joyau étincelant de malignité », en vous aidant d'un dictionnaire si besoin.

2. La Baba Yaga

a. Lisez le portrait de la Baba Yaga et la description de son moyen de transport et de sa demeure (p. 117-118, de « La Baba Yaga, sachez-le, était une créature tout à fait terrifiante » à « hérissé de crocs pointus »).

b. Cherchez le sens des mots que vous ne connaissez pas.

c. Relevez tous les éléments effrayants et surprenants de ce portrait et de cette description.

d. Réalisez une illustration pour le conte *Vasilisa* : à partir du texte, dessinez la Baba Yaga dans son chaudron, devant sa maison.

3. Lecture expressive : dans la tête de la fée (*La Sorcière du mois d'avril*)

a. Lisez le début du conte (p. 60-61, jusqu'à « J'appartiens à une drôle de famille »).

b. Relevez toutes les indications de lieu. Où Cecy vit-elle ?

c. Que veut Cecy ? Quelle est la réaction de ses parents ?
d. Quelles émotions Ray Bradbury, l'auteur, veut-il susciter chez ses lecteurs avec ce début, d'après vous ?
e. Exercez-vous à lire cet extrait à voix haute. Faites attention au rythme (repérez les virgules et les points) et aux différences entre les passages de récit et de discours.

4. Sujet d'invention

Imaginez une sorcière et décrivez-la, ainsi que sa demeure et les objets qui l'entourent, à l'imparfait. Votre portrait devra susciter la peur et fera une vingtaine de lignes.

Fiche élève 4 : Mises à l'épreuve

1. Situations difficiles

a. *La Belle et la Bête* : lisez le passage qui va de « Ces méchantes filles se frottèrent les yeux avec un oignon » à « elle lui dit en tremblant que oui » (p. 28). Pourquoi la situation de la Belle est-elle difficile ? Justifiez.
b. À quoi voit-on qu'elle est courageuse et se préoccupe des autres ?
c. *Vasilisa* : lisez l'extrait qui passage qui va de « La Baba Yaga la menaça » à « Et de nouveau ce fut la nuit » (p. 119). Comment Vasilisa est-elle mise à l'épreuve ?
d. Qu'est-ce qui rend la Baba Yaga effrayante ?
e. Réécrivez l'extrait de *Vasilisa* en remplaçant « la Baba Yaga » par « les sorcières » et « Vasilisa » par « les fillettes ». Vous ferez toutes les modifications verbales et tous les accords en conséquence.

2. Récompenses et punitions

a. Remémorez-vous *La Belle et la Bête*, *Vasilisa* et *Un bonbon pour une bonne petite*. Qui est puni dans ces trois contes ? Par qui ? Pourquoi ?

b. Que pensez-vous de ces punitions ? Vous paraissent-elles justifiées ?

c. Selon vous, quel peut être l'effet de ces récits sur les enfants ? Pourquoi ?

Fiche élève 5 : Pour aller plus loin

1. Ulysse et Circé

a. Lisez l'extrait de *L'Odyssée* d'Homère au début du recueil. Quelles sont les caractéristiques de Circé ?

b. Sur la page du site mediterranees.net (https://www.mediterranees.net/mythes/ulysse/epreuves/circe/circe_iconographie.html), qui répertorie différentes représentations artistiques de la magicienne Circé et d'Ulysse, choisissez trois représentations et expliquez-les à partir du texte d'Homère.

c. L'illustrateur Edmond Dulac (1882-1953) a proposé plusieurs représentations de Circé. Décrivez celle qui est intitulée *Circé et Ulysse* en détail, et expliquez les attitudes des deux personnages.

2. Francisco de Goya (1746-1828) et les sorcières

a. Faites une recherche et résumez en quelques lignes la vie du peintre espagnol Francisco de Goya.

b. Observez les deux tableaux de Goya suivants :

- *Le Sabbat des sorcières* (*El Aquelarre*), 1797-1798, huile sur toile, 43 x 30 cm, Musée Lázaro Galdiano, Madrid

- *Le Sabbat des sorcières* ou *Le grand Bouc* (*El Aquelarre* ou *El Gran Cabrón*), 1823, huile sur toile, Musée du Prado, Madrid

c. Décrivez les deux tableaux en quelques lignes.
d. Quels sont les points communs et les différences entre ces deux tableaux ?
e. Selon vous, que représente le bouc ?
f. Que pouvez-vous observer du rituel des sorcières à travers ces deux tableaux ?
g. Comment les visages des sorcières sont-ils représentés ? Quel est l'effet recherché, d'après vous ?
h. Cherchez la définition du mot « sabbat » appliqué aux sorcières. En quoi cela consiste-t-il ?
i. Sur Internet, cherchez d'autres œuvres de Goya représentant des sorcières.

LEXIQUE

Circé magicienne

Vestibule : entrée
Métier à tisser : machine permettant de fabriquer du tissu
Sensé : raisonnable, intelligent
Mets : nourriture, plats
Sortilège : mauvais sort, maléfice jeté par un(e) sorcier(ère)
Soies : poils durs et épais des porcs
Funeste : qui apporte le malheur
Expédients : stratagèmes, ruses pour arriver à ses fins
Agrès : mâts, voiles, cordages d'un navire

La Belle et la Bête

Orgueil : fierté excessive
Bien : ce que l'on possède
Gentilhomme : homme de noble naissance
Clavecin : ancêtre du piano
Bagatelles : objets sans importance
Ingrat : qui n'est pas reconnaissant
Dessein : projet, but, intention
Périr : mourir
Bonne chère : bonne nourriture
Magnificence : beauté et luxe
Affligé(e) : très triste
Complaisance : ici, générosité, bonté

L'Enchanteresse de Sylaire

Niais : idiot
Faire la moue : avancer les lèvres pour exprimer un doute
Dard : organe qui permet aux insectes de piquer
Ermite : homme qui vit loin de ses semblables, retiré dans la nature
Ardeur : énergie, fougue
Sarcasme : moquerie blessante
Se leurrer : se tromper, s'aveugler
Consternation : malheur, désespoir
Délectable : délicieux/se
Misogynie : mépris des femmes
Pérégrinations : voyages, promenades
Traits galants : paroles de séduction
Monolithe : grande pierre levée
Grimoire : livre de magie
Inopinément : de manière imprévue
Toison : couche de poils ou chevelure
Lycanthropie : syndrome des loups-garous
Répulsion : dégoût
Antidote : remède
Sépulcre : tombeau
Versatilité : attitude capricieuse
Épouvante : terrible peur
Célérité : rapidité
Hilarité : rire

La Sorcière du mois d'avril

Brises : vents doux
Appréhension : inquiétude
Scruter : observer avec insistance

Âtre : foyer de la cheminée
Ventriloque : qui parle sans bouger les lèvres
Hystérique : ici, nerveuse

Une mandragore

Imperceptible : invisible
Mâtin : gros chien
Risible : ridicule
Éloquence : art de bien parler
Raillerie : moquerie
Maréchal : chef militaire
Égratignure : petite coupure superficielle
Cassette : coffret
Délibération : discussion ou réflexion qui aboutit à une décision

La Sorcière du placard aux balais

Notaire : administrateur de biens, immobiliers notamment
Compassion : pitié
Réveillonner : faire la fête la veille de Noël ou du Nouvel An
Pompette : ivre (familier)
Méninges : parties du cerveau
Inoffensif/ve : qui ne peut pas faire de mal

Les Farfafouille

Bridge : jeu de cartes
Travers : défaut
Insolite : inhabituel, surprenant
Coïncidence : hasard surprenant
Diplomatie : art d'éviter les disputes
Esclandre : scandale

Vasilisa

Sacristie : partie de l'église
Carnassier : ici, cruel
Besogne : travail à accomplir
Ragoût : plat en sauce
Bénédiction : recommandation à Dieu, vœu de bonheur

La Fée aux gros yeux

Gouvernante : domestique chargée de l'éducation des enfants
Indulgence : gentillesse, absence de sévérité
Vorace : avec beaucoup d'appétit
Nyctalope : qui voit la nuit
Épier : espionner

Le Poil

Prestigieux : qui suscite l'admiration
Choyer quelqu'un : s'en occuper avec tendresse
Euphorisante : qui provoque l'euphorie, c'est-à-dire une grande joie
Humeur : ici, liquide que produit le corps humain

Un bonbon pour une bonne petite

Panse : ventre
Avoué : avocat
Véhémence : violence de ton
Feindre : faire semblant
Diathermie : traitement par la chaleur
Charlatan : imposteur, ici faux médecin
Sucre d'orge : bonbon

Le Couloir

Violacée : aux reflets violets
Vénéré(e) : respecté(e) et adoré(e)
Étuve : pièce où règne une chaleur humide
Sentinelle : gardien(ne)
Urne : sorte de vase
Rituel : cérémonie
Isolement : solitude
Se galvaniser : se donner du courage
Leitmotiv : phrase ou mélodie qui se répète
Déflagration : explosion
Entendement : intelligence, raison
Paria : être rejeté par ses semblables
Défaillance : erreur, échec, faiblesse

Achevé d'imprimer en Italie par Grafica Veneta
en octobre 2017
Dépôt légal novembre 2017
EAN 9782290154915
OTP L21ELLN000857N001

—

Conception des principes de mise en page :
Jean-Noël LECLERE

—

Composition : PCA

—

ÉDITIONS J'AI LU

87, quai Panhard-et-Levassor, 75013 Paris
Diffusion France et étranger : Flammarion

Librio

544